Bibliographische Information der Deutschen Nationalbibliothek
Die Deutschen Nationalbibliothek verzeichnet diese Publikation in der Deutschen Nationalbibliografie; detaillierte bibliografische Daten sind im Internet über http://dnb.d-nb.de abrufbar.

1. Auflage 2008

Herstellung und Verlag:

Books on Demand GmbH, Norderstedt

©Norbert Spriewald 2007

ISBN 978-3-8370-2436-4

Norbert Spriewald

„Risikogerechtigkeit"
vor Gerichten, im Gesellschafts- und Steuerrecht

statt

für Bürger- und Arbeitgeber Innen
in einer ausgequetschten Gesellschaft

Gerechte Rahmenbedingungen,
statt staatlicher Untätigkeit bei ausufernder Bürokratie

Mit den Lösungsvorschlägen:

Teil III	„JuRiG" (**Ju**ristische **Ri**siko **G**erechtigkeit)
Teil IV	„KaRiG" (**Ka**pital-**Ri**siko-**G**erechtigkeit)
Teil V	„StAG-Tax" (**St**aats-**A**bgaben-**G**erechtigkeit)
Teil VI	Zukunftsfähigkeit – Nur eine Vision ?

Mit Illustrationen von   Jörg Spriewald

Für die Korrekturlesungen, Anregungen und Beseitigung von orthographischen Fehlern meinen herzlichen Dank an meine Freunde ohne die dieses Buch nicht so erschienen wäre, insbesondere Schulamtsdirektor i. R. Rudolf Otto, Arbeitsamtsdirektor i.R. Rolf Deiters, Marc Schneider und besonders auch an meine Sekretärin Angelika Kayser.

Vorbemerkungen zum Buch

Die zentralen Themen dieser Buchreihe: Eine Gesellschaft,

- die nur dem Produktionsfaktor Arbeit alle Soziallasten der Gesellschaft auferlegt,
- deren Bildungssystem mit 10 Jahren Vorlaufzeit in Bezug auf Qualität und Quantität am Bedarf vorbei „produziert",
- die eine kostengünstige und zeitnahe Rechtsprechung verweigert,
- die Manager ohne jegliches persönliches finanzielles Risiko zu Lasten der Gesellschaft und auch der Kapitaleigner agieren lässt
- und jede unternehmerische Kreativität /Aktivität im Ansatz erstickt, durch ein Labyrinth aus gleichzeitig zu beachtenden und widersprüchlichen Steuer- und / oder Sozialversicherungs- und /oder Arbeits- und / oder Verwaltungs- und /oder Bau-Recht,

wird nicht zukunftsfähig sein, weil unter dem Mandarin-Syndrom leidend und „untergegangener" Gesellschaftsformen nachfolgen.

In meinem Buch als Gesamtausgabe:

„Das Mandarin(en) Syndrom"

beschreibe ich die Versäumnisse und Missstände und entwickle in verschiedenen miteinander verbundenen Bereichen der Volkswirtschaft Lösungsvorschläge auf der Basis unseres Grundgesetzes, die letztlich die Gesellschaft durch eine verstärkte Chancen-, Bildungs-, Risiko-, Unternehmens- und Steuergerechtigkeit zukunftsfähig machen können.

Seit Jahren nahm ich zur Kenntnis, dass „juristische Personen", hier Aktiengesellschaften, Vereine und Genossenschaften Geschäfte eingehen und Risiken tragen, die nichts mit der Gründungsidee zu tun hatten und horten die Beiträge / Gewinne, statt sie an die Anspruchsberechtigten / Kapitaleigner auszuzahlen.

Aktienkurse, Spekulationen, und Firmenan- und -verkäufe suggerieren eine prosperierende Wirtschaft, jedoch es ist in erster Linie eine „Riesen – Monopoli - Spiel", bei dem nichts produziert, sondern nur umverteilt wird.

Es ist ein „0-Summen-Spiel", bei dem der verliert, der den zu „kurzen Atem hat (Wer wohl ?). Gelegentlich verspekuliert sich auch der „Große", denn während ich dieses Buch schrieb, wurde nachstehendes vom Markt bestätigt Die „Großen machten Milliarden Verluste oder Gewinne, die unserer Volkswirtschaft für die Binnennachfrage und Ausbildung nun fehlen (Das Geld ist nicht weg, es ist nur woanders).

Diese Erkenntnis im Zusammenhang mit den seit 20 Jahren ansteigenden und ausufernden Managergehältern in Verbindung mit volkswirtschaftlich nicht vertretbarem Kapitalexport und fehlender **konstruktiven** Gesellschaftskritik, waren Anlass diese Buchreihe zu schreiben.

Ein Buch, das nicht harmonisierend wirkt, sondern vielen Personen und Funktionsträgern – letztlich vor allen Dingen dem Leser selbst, wegen seiner Lethargie, Erduldung, Anpassung oder Konformität „auf die Füße tritt", damit er wach wird.

Nähere Kurzinformationen unter:

www.mandarin-syndrom.de

Es werden Missstände nicht nur beschrieben, sondern konkrete Vorschläge zur Beseitigung der Missstände oder besser die Grundlagen für die Diskussion und Umsetzung von Veränderungen werden geliefert.

Fragen über Fragen.

Dieses Buch wird versuchen Antworten zu geben, die einen Lösungsansatz ermöglichen, jedoch zumindest einen **politischen Denkanstoss** zur Lösung der gesellschaftlichen Probleme geben sollen.

Eine Namensgebung dafür hat nur einen semantischen Charakter. Auf die tatsächlich realisierten Inhalte / Wirkungen kommt es an..

Nur schwerpunktartig erfolgt an dieser Stelle eine Auflistung der exemplarischen Fragen, die in der Ursachenbeschreibung das „Mandarin-Syndrom" verdeutlichen und die zur Überwindung des Mandarin Syndroms gesellschaftliche (politische) Veränderungen notwendig machen.

a) Finanzierung des Sozial-Versicherungs-Systems

Frage: Warum wird nur die „Arbeit" mit der sozialen Sicherung der Gesellschaft belastet?

Frage: Warum wird –obwohl die Sozial-Versicherungsbeiträge für gesamtgesellschaftliche Aufgaben zweckentfremdet werden (=Sozial-Steuern) – willkürlich eine sog. Beitragsbemessungsgrenze gesetzt?

b) Ausbildung (Schul- und Studiensystem)

Frage: Warum ist heute ein/e familiengründungsfähige/r und wahlberechtigte/r 18-20 jährige/r Mann bzw. Frau nicht in der Lage sich selbst, geschweige denn seine/ihre „neue" Familie zu ernähren?

c) Gerichtsabläufe (Prozessdauer) und Kostenverteilung

Frage: Warum wird jedes „Sich –Wehren" zu einem wirtschaftlichen Harakiri?

Frage: Warum muss –neben den Bürgerpflichten –ein Unternehmer zusätzlich bei Streitigkeiten zwischen Bürger und der Exekutive immer unentgeltlich für Verwaltungsauflagen zahlen, auch wenn diese Auflagen / Anordnungen / Zahlbescheide zu Recht oder Unrecht ergangen sind?

d) Kapital -/ Überschuss-Zweckentfremdung.

Frage: Wodurch soll es gerechtfertigt sein, das erzielte Gewinne an den tatsächlichen Kapitalbesitzern vorbei in Risikogeschäfte oder sogar in Konkurrenzunternehmen fließen?

Frage: Verdienen die Vorstände nicht genug, um mit „eigenem Geld" neue, risikobehaftete Geschäftsideen zu verfolgen?

e) Steuerrecht

Frage: Ist eine neue „Moral" gefragt oder genügt der Hinweis, dass Fehlbeträge des Staates doch nur bei den „Kleinen" wieder einkassiert werden, die zwar 30 € illegal dem Staat vorenthalten haben und nun dafür 100 € höhere steuern Zahlen müssen? Jeder weiß / macht / billigt es, das „Kavaliersdelikt: Steuerhinterziehung", das letztendlich nur den „Grossen" etwas bringt.

Kritische Fragen benötigen nicht nur eine Problemanalyse, sondern auch Antworten oder zumindest realisierbare Lösungswege um Antworten zu finden.

Sie, liebe(r) Leser(in), sind ein(e) „Ökonom(in)" oder ein vollständig informierte(r) Bürger (in) und haben sich für **diesen** kostengünstigen **Sonderdruck** entschieden.

Gleichwohl umreißt der Autor auch die anderen Themenfelder und stellt zum besseren Verständnis

im I. Teil „VOWIG" und

im II. Teil auch „Das Mandarin(en) Syndrom" **auszugsweise** vor.

In diesem Sonderdruck „Risikogerechtigkeit"

im II: Teil werden die unter c) gestellten Fragen verdeutlicht, die als Problem scheinbar nicht so wichtig, weil immer nur „Einzelne" davon betroffen sind und der Lösungsvorschlag **„JuRiG"** aufgezeigt.

im IV. Teil wird auch für „Kapitalisten" die Lanze gebrochen, die Fragen unter d) durchleuchtet und das Lösungsmodell **„KaRiG"** vorgestellt.

im V. Teil wird nicht moralisiert, sondern die entstandene Unvermeidbarkeit von „Steuerverkürzungen" gegeißelt und an die „Bierdeckel" Steuererklärung „Flat-Tax" erinnert, jedoch ein anderes, gerechteres und einfaches Modell gewählt: **„StAG"-Tax**

im VI. Teil wird die Zukunftsfähigkeit dieser Gesellschaft , die Folgen einer zwingend notwendigen Richtungsänderung und ein Zeitplan für diese notwendigen Änderungen vorgestellt.

Tauchen zu viele neue Begriffe auf oder werden die Ursachen und Zusammenhänge unklar oder missverständlich, empfehle ich Ihnen zumindest den Sonderdruck (extrem kostengünstig), "**VOWIG**",

„**Volkswirtschaft als Instrument der Gesellschaftskritik**", vorher zu lesen.

In allgemein verständlicher Form hat der Autor unter dem Titel

„VOWIG"

bereits komplizierte Einzelaspekte der Volkswirtschaft erklärt und Zusammenhänge hergestellt, damit die getätigten Vorschläge nach-vollziehbar werden.

Vorschau, siehe auch Seite 83

Ein **Sonderdruck** aus „**Das Mandarin(en) -Syndrom**" ist :
VOWIG
Volkswirtschaft als Instrument der Gesellschaftskritik
Mit dem „**SPALG**"- System zur Lohngerechtigkeit

Illustration
v on
Andreas
Wirtz

Inhaltsverzeichnis

I. Teil – Begriffsklärung (Auszug aus VOWIG)

Wie wirken die verschiedenen Einzelheiten der volkswirtschaftlichen, soziologischen und politischen Gegebenheiten zusammen?

> *Um Missverständnissen vorzubeugen, ist eindeutig zwischen der Wirtschaft, der Wirtschaftsordnung und der Gesellschaftsordnung zu unterscheiden .*

Die Wirtschaftsordnung wird durch das Gesellschaftssystem, d.h. durch die Politik und Gesellschaftsordnung überlagert.

Erst durch diese Überlagerung von Politik und Gesellschaftsordnung erwirbt sich das „natürliche" Wirtschaftsprinzip - die „Marktwirtschaft" - jetzt den Zusatz „sozial" oder „frei" oder sie ist „faschistisch" oder "kapitalistisch" oder kehrt sich durch zu starke Einflussnahme in das Gegenteil, in eine „Planwirtschaft" um (jedoch: Ernteausfälle, Umweltkatastrophen sind nicht planbar).

Gleichwohl sind die wirtschaftlichen Grundprinzipien immer die gleichen, d.h. das später beschriebene Wirtschaftssystem mit allen Faktoren ist „natürlicher", funktioneller Art und stellt lediglich nach vielen Fehlentwicklungen eine Analyse aus der realen Welt dar, z.B. Feudalismus, Kolonialismus, Manchester Kapitalismus, Kommunismus, Faschismus und nicht zuletzt der Neoliberalismus.

Bevor notwendige Kritik geäußert wird, Systemveränderungen oder Reformen – hin zu irgendetwas – gefordert werden, sollte ein annähernd ähnliches Begriffsverständnis erzeugt werden.

Die semantische Bedeutung der Sprache wurde (bewusst) verfälscht, denn „Peacemaker" ist kein Friedensmacher, sondern ein Revolver.

Reform bedeutet nicht Rückgriff auf „Altes", sondern Veränderung zu etwas „Neuem", daher:

"Meinen wir das Gleiche, verstehen wir uns ?"

> *Alleine die zuvor genannten, „wertbeladenen" Begriffe bedürfen einer eindeutigen Klärung, bevor Missverständnisse entstehen.*

Am nachstehenden Begriff wird verdeutlicht, wie weit sich die Wahrnehmung des Wortes von der ursprünglichen Sinngebung entfernt hat.

Was ist ein Kapitalist ?

Kurz und knapp, denn bisherige Erklärungen sind ideologisch verfremdet.

> *Ohne Konsumverzicht ist eine Kapitalbildung aus dem Zusammenwirken von Arbeit und Bodenerträgen undenkbar.*

Schon in der „Steinzeit" war es so:

Einen Ast kann ich verbrennen und konsumiere so die „Wärme".

Oder ich friere (Konsumverzicht) und baue aus dem Ast ein Werkzeug (Speer), um anschließend schneller und besser zu jagen.

Verleihe ich dieses Werkzeug kostenlos (wieso eigentlich?), bin ich ein sozialer Mensch.

Verleihe ich es gegen Entgelt (Ertragsbeteiligung), ist der **„Kapitalist" geboren.**

Wie ein Bauer, der das Saatgut **nicht gegessen** hat, will dieser nun lediglich die Früchte seines Konsumverzichtes **ernten.**

Noch ein Kapitalist:

Ein Frisör übt Konsumverzicht, spart, kauft sich vom Ersparten eine Schere und mietet sich vom Ersparten ein Ladenlokal.

So stellt die Schere das **Kapital** des Frisörs dar,

der in gemieteten Räumen **(Boden)** nun Kunden

die Haare fantasievoll und sachgerecht schneidet (**Arbeit**).

Nicht der Besitz von Kapital oder Luxusgütern erzeugt einen „unsozialen Kapitalisten", sondern erst dessen wirtschaftliches Handeln, wenn dieses sich hauptsächlich am Kapitalbesitz und –einsatz ausrichtet.

Sachlogisch kann ein Kapitalbesitzer auch ein Sozialist sein, wenn sein wirtschaftliches Handeln sich am Menschen, seinen Mitarbeitern und Mitbürgern orientiert.

Gesellschaften die sich demokratisch für eine Gleichrangigkeit Arbeit und Kapital (und Boden) entscheiden, sind auch in einer Marktwirtschaft dem auf dem Weg zu einem demokratischen Sozialismus.

Dieser bedeutet nicht die zwangsweise Verstaatlichung von Kapital, was nicht bedeuten soll, dass der nicht vermehrbare Bodenbesitz und -schätze, das Transportwesen (Güter, Nachrichten, Menschen), Gesundheit und Kapitalverteilung (Banken, Versicherungen) zwingend auch im Besitz (im Sinne von Verfügungsgewalt) von Privaten bleiben müssen, es genügt wenn diese Bereiche nach marktwirtschaftlichen Gesetzen handeln.

Dementsprechend sollte (muss) bei der Verwendung und Interpretation (Nachvollziehen) bestimmter Begriffe auch das „Gleiche" darunter verstanden werden, sonst wird eine Diskussion sinnlos.

Noch deutlicher:

Beispielsweise ist die Farbe „rot" nicht gleich „rot", wenn der eine dabei an das Blut und der andere an das Abendrot und der Dritte an das Rot der Verkehrsampel denkt.

„Rot" ist dann in der Psyche entweder „negativ" oder „positiv" verankert und erzeugt beim Leser eine sehr selektive Wahrnehmung dessen, was geschrieben steht, mit einer Interpretation, die der Autor nie hatte und die wenig hilfreich für das Verständnis des Nachstehenden sein wird.

Ursache dafür sind Defizite volkswirtschaftlicher Zusammenhänge oder besser:

> *Wir haben den Mangel, die*
> *„Volkswirtschaft als System" zu betrachten.*

Jeder sollte wie „Gott in Frankreich" leben können, wenn er dafür auch Leistung für die Gesellschaft gebracht hat.

Dieses bitte in einem angemessenen Verhältnis zu denen, die auch 8 Stunden pro Tag gearbeitet haben (ob 10 oder 50-fach, mag fragwürdig sein, nicht jedoch 100 bis -1.000-fach).

> *Was jemand ist, ist er nur „durch" und „in"*
> *dieser Gesellschaft.*

Der Industriemanager / Kfz-Entwicklungsingenieur ist dieses nur durch die Industriegesellschaft und kann seinen Verdienst nur in dieser Industriegesellschaft realisieren, weder am Nordpol noch in Uganda.

Noch deutlicher: Der „deutsche Steuerberater" ist nur wegen der „deutschen Steuerkomplexität" notwendig und nur in Deutschland kann er seine Geschäfte realisieren, weder in den USA noch in Japan, nur hier.

Es zeigt, wo die Kritik all derer ansetzen muss, die das Prinzip der „Sozialen Marktwirtschaft" auf der Basis unseres Grundgesetzes reformieren und die eine soziale Gerechtigkeit, sowie eine Chancen-, Bildungs-, Risiko-, Unternehmens- und Steuergerechtigkeit herstellen wollen, egal ob mit liberaler, grüner, sozialer oder konservativer Grundhaltung.

Fehlender „Gestaltungswille" der Politik verbunden mit der Unfähigkeit des „Staatsapparates" und seiner „halbstaatlichen Organisationen", die Volkswirtschaft als ein „offenes System" zu erkennen und anzuerkennen, sich dementsprechend an eine schnell verändernde Gesellschaft (heute von der Industrie- zur Informationsgesellschaft) anzupassen, verhindert den Ausgleich der zutage tretenden gesellschaftlichen Asymmetrien von Gerechtigkeit.

In einer hochtechnisierten Welt ist eine „gewollte" oder ungewollte, jedoch durch Gesetze und Verwaltungen erzeugte Diskriminierung und „Gängelung", irgendeiner „Minderheit" schlicht nicht mehr möglich.

Der nordirische „Bürgerkrieg" ist ein Relikt aus dem letzten Jahrhundert, der „Balkan Krieg" war ein Versehen, die Lösung des „Südtirol – Separatismus" ein gelungenes Beispiel der Konfliktlösung.

Brennende Autos in Frankreich Ende 2005 sind ein Beispiel von Versäumnissen.

Gesprengte Strommasten in Südtirol, von Autobahnbrücken geworfene Steine, blockierte Eisenbahnweichen oder eine schlichte 8mm Stahlschraube in einer „Autoreifen-Gummischleuder" oder eine friedliche „Autobahnkreuzblockade" durch „500 Kleeblatt-Fahrer" auf dem „hinausgezögerten" Weg zu einer „angemeldeten Demo", zeigten die *Verwundbarkeit* einer modernen Industriegesellschaft.

> *Ein Interessenausgleich mit jeder gesellschaftlichen Gruppierung, bezogen auf „ Minimal – Standard 's, ist zwingend.*

Jeder Terrorismus – individuell oder staatlich - ist unmenschlich und absurd.

Bereits „halbindustrielle Länder" wie Israel zeigen die Grenzen einer unsinnigen Systemerhaltung; entweder sich selbst einmauern - wobei keiner weiß, „Wo ist drinnen, wo ist draußen?", „Wer sitzt denn nun im Gefängnis?" - oder weiterhin „Selbstmordattentate".

Konflikte derart lösen zu wollen sind im Grunde eine Beleidigung der menschlichen Intelligenz und hoffentlich der erreichte Gipfelpunkt der Mittelmäßigkeit.

> *Der notwendige, vorzunehmende bzw. zu initiierende Interessensausgleich findet nicht statt und es wird die Zukunftsfähigkeit der Gesellschaft, die Zukunft unser Kinder und Enkelkinder verspielt.*

Es ist „Platz" zu machen für neue Ideen und neue Produkte, die bei einer wirklich funktionierenden Marktwirtschaft ohne „Verwaltungshemmnisse" und ohne „Überlastung des Produktionsfaktors Arbeit", für die arbeitslos gewordenen Arbeitnehmer „neue", bessere und besser bezahlte Arbeitsplätze schafft.

Evolution statt Revolution ist angezeigt.

II. Teil Auszug aus: Das Mandarin(en) - Syndrom

Früher: Das System der Mandarin im alten China (bis 1900), eine kaiserlich untertane Beamtenschaft, verhinderte seit dem Bau der chinesischen Mauer durch deren eigene Unbeweglichkeit und Machtgier jegliche Erneuerung und Evolution des Systems.
Dadurch resultiert der Untergang des chinesischen Reiches.

Heute: Die meisten abendländischen Gesellschaften (Industrienationen) zeigen die gleichen Symptome, ein System der Unbeweglichkeit (=Untergang?) Oder finden wir den 2. Weg ?

Seit der Ermordung von J. F. Kennedy und M.L. King, der Kuba - Krise, dem Vietnam Krieg, dem Golf Krieg und dem Chile Putsch, mit der Ermordung Allendes und seit dem hochaktuellen „unbeendeten" Irak-Krieg tauchen immer wieder „Verschwörungstheorien" unbekannter Mächte oder Geheimdienste auf, als ob es eine „globale Mafia" gäbe.

Präsident D.D. Eisenhower sagte im Januar 1961 in seiner Abschiedsrede an die Nation (Zitat):

„Heute können wir nicht mehr bei der Verteidigung unseres Landes improvisieren.

Wir waren gezwungen, eine große Rüstungsindustrie aufzubauen. 3,5 Millionen Männer und Frauen sind im Verteidigungswesen beschäftigt. Wir geben für die militärische Sicherheit jährlich mehr aus als alle amerikanischen Firmen netto einnehmen.

Diese Verbindung eines riesigen Militärapparates mit einer großen Rüstungsindustrie ist für Amerika eine neue Erfahrung. Der Einfluss in wirtschaftlicher, politischer und geistiger Ansicht macht sich in jedem Amt der Bundesregierung bemerkbar. Wir müssen vor unerwünschtem Einfluss auf der Hut sein.

Wir dürfen niemals zulassen, dass das Gewicht dieser Verbindung unsere demokratischen Einrichtungen gefährdet."

Bezogen auf Deutschland:
Wenn nach den kriegsbedingten Konzentrationen von Macht durch die Verbindung von Militär und Rüstungsindustrie der amerikanische Präsident von einer „Gefährdung der demokratischen Institutionen" ausgeht (s. v. g. Ereignisse), dann gilt dieses für Deutschland im besonderen Maße.

1945 hatten wir nur die Machtkonzentration von Groß- und Rüstungsindustrien mit einer undemokratischen Verwaltung und dem unbändigen Willen, Deutschland nach dem Krieg wieder aufzubauen, wirtschaftlich wieder „Weltklasse" zu werden, auch wenn der Schweiß der „Trümmerfrauen" und die „Niedriglöhne" der „Wiederaufbauenden" bis 1970 nur das „Vermögen" und somit auch die Macht der „übriggebliebenen Besitzenden" mehrten.

Zwar wurden „ Wirtschaftsriesen" wie die „IG-Farben" von den Amerikanern zerschlagen, Politiker mit demokratischer Grundüberzeugung mit Hilfe der Alliierten in „Machtpositionen" der Verwaltung hineingebracht.

Jedoch alle seit „Bismarck" entstandenen Organisationen mit zutiefst undemokratischen Strukturen, wurden unbehelligt gelassen und nach Abschluss des „Wiederaufbaues" – der Nachkriegszeit - durch sog. „Privatisierungen" gestärkt.

Sie wurden zu einem „sich selbst aufblähenden Polypen" mit einem „Selbstbedienungsladen" bei einer „Ausblendung" der gesellschaftlichen Verantwortung" und ohne eigenes finanzielles Risiko.

Das „Mandarin(en)-Syndrom" in Deutschland wird durch das extreme „Selbstbeharrungsvermögen" des Staatsapparates deutlich – immer wieder „Beamtenmikado":

„Wer sich bewegt, hat schon verloren", dies zeigt sich im Einzelnen in:

- der Exekutive (von Beamten in Ministerien und untergeordneten Behörden und Aufsichtsbehörden (Landschaftsverbände, Bezirksregierungen, Städtetag u.s.w.) bis herunter zu Schulabteilungsleitern bzw. Kassenleiter irgendeiner Behörde)
- „Quasi Beamten" in Selbstverwaltungen in der Rechtsform von Körperschaften des öffentlichen Rechtes wie Stadtsparkassen, Kommunale Versorgungsgesellschaften, Rundfunk, Fernsehen, Krankenkassen (GKV), Berufsgenossenschaften, Handwerks-, Industrie- und Handelskammern, Ärzte-, Steuerberater- und Ing.-Kammern, kassenärztliche Regional-, Landes- und Bundesvereinigungen, Bundes-, Landes - und Regionalverbände der Krankenkassen, der Knappschaft, der Rentenversicherung und der Arbeitsämter u. s. w.
- der Jurisprudenz, Richterschaft an Amts-, Landes- und Oberlandesgerichten, in den verschiedenen Ebenen der Arbeits-, Verwaltungs- Sozial- und Finanzgerichte u.s.w.
- der Legislative (karrieresüchtige Abgeordnete auf allen Parlamentsebenen wie Kommunal-, Landes- und Bundestagsabgeordnete mit Heerscharen von Zuarbeitern)
- Banken-, Versicherungs- und Industriekonzernen und deren Verbände und Vereine, von denen niemand weis, wem diese gehören und wessen Interessen diese vertreten (TÜV e.V. ; DEKRA e.V. u.s.w.). **Anm.:** Wussten Sie, das der TÜV ein Verein der „deutschen Großindustrie" ist ?

Fehlender „Gestaltungswille" der Politik verbunden mit der Unfähigkeit des „Staatsapparates" und seiner „halbstaatlichen Organisationen", die Volkswirtschaft als ein „offenes System" zu erkennen und anzuerkennen, sich dementsprechend an eine schnell verändernde Gesellschaft (heute von der Industrie- zur Informationsgesellschaft) anzupassen, verhindert den Ausgleich der zutage tretenden gesellschaftlichen Asymmetrien von Gerechtigkeit.

Der notwendige, vorzunehmende bzw. zu initiierende Interessensausgleich findet nicht statt und es wird die Zukunftsfähigkeit der Gesellschaft, die Zukunft unser Kinder und Enkelkinder verspielt.

Dieses ist übertragbar auf viele Länder in ähnlicher Entwicklungssituation, im Grunde auf alle Industrienationen, mit Ausnahme der skandinavischen Länder.

In allen Industrienationen findet seit den 80-er Jahren eine Rückentwicklung hin zu früheren –überwunden geglaubten - Wirtschaftsformen statt, bis hin zum Manchester Kapitalismus, Neoliberalismus oder zum Feudalismus / Neokolonialismus in den Entwicklungsländern.

Wir riskieren nur das, was anderen gehört, niemals jedoch unser eigenes Geld!

Kapitalgesellschaften, Selbstverwaltungen und deren Organisationen, im Sinne von: „Wir setzen nur Geld ein und riskieren das, was anderen gehört, niemals unser eigenes Geld" - breiten sich aus, lassen sich fürstlich bezahlen und verzehren einen immer größeren Anteil des Volkseinkommens!

Niemand spricht darüber

- Die „Krake", „die juristische Person" als „Körperschaft des öffentlichen Rechts" (wie zuvor beschrieben) oder als Unternehmen breitet sich aus.

- Vereine (e.V.), GmbH´s, Genossenschaften, Aktiengesellschaften, Holdings etc, von denen niemand weiß, wem diese gehören (wahrscheinlich sich selbst oder untereinander verschachtelt), wessen Interessen diese vertreten und die alles Mögliche machen bzw. produzieren – nur nicht mehr das, wofür diese gegründet wurden.

- Eine Selbstbedienung der Vorstände zu Lasten der „ursprünglichen Kapitaleigner oder Mitglieder" und Konkurrenz „zu diesen", finanziert aus den „vorenthaltenen Gewinnen / Vergünstigungen" zu Lasten dieser Ursprungsgründer oder Mitglieder.

Die unmittelbaren Folgen werden zur Kenntnis genommen, jedoch nicht verhindert:

- Soziale Ungleichheit durch Prozesskosten zugunsten von Konzernen und Verwaltungen (Einsatz von Privat- contra Fremd- (= Betriebs- oder Volks-) Vermögen)
- Juristische „Aufsattelung" von Produktions- und Dienstleistungsprozessen (Betriebswirtschaftlich ist eine juristische „Abwehrabteilung" billiger als eine gute Entwicklungsabteilung)
- Baukonzerne contra Handwerker
  „Großkonzern aus Berlin in Verbindung mit einer deutschen Geschäftsbank contra Klein- und Handwerksunternehmen
  oder auch:
- Konzernmanager contra Konzerninhaber (Aktionäre)
  z.B. ehemaliger Stahlkonzern (zuletzt: IT- Branche) mit 30 Mill. €
  Abfindung an den ausscheidenden Vorstandsvorsitzenden
  oder
  ein bayrischer Automobilbauer mit einem herunter gewirtschaftetem englischen Fabrikat und auch die Verbindung der deutschen „Nobel- Autoherstellers" mit einem amerikanischen Fabrikat zeigen, wie systemwidrig gegen die Marktwirtschaft Milliarden-Beträge verpulvert werden.
- Versicherungskonzerne contra Schadenanspruchsteller
  z.B.: 1.000 anspruchsberechtigten Unfall-Geschädigten (s. Kfz-Versicherung) in einem beliebigen Zeitraum von beispielsweise einer Woche jeweils 500 € der berechtigten Ansprüche vorzuenthalten = 500.000 €, wobei nur 10 dieser Kürzungen tatsächlich zu Klagen mit Kosten von je 2.000 € = 20.000 € führen und somit ein Überschuss von 480.000 € entsteht.
  Das kann nicht als „Einsparung von Versichertengeldern" bezeichnet werden. Es ist Betrug!
- Selektiv begünstigende Rechtsprechung und Verwaltungsentscheidungen schon auf unterster Ebene (nicht berufungsfähig oder: „Sie haben keinen Anspruch auf eine Gleichbehandlung im Unrecht")
- Jahrelange Prozesse mit hohem Prozessrisiko für Anspruchsteller bei „0"-Risiko (=Portokasse) von Konzernen und Verwaltungen (Anspruchsteller werden in sinnlose Kleinprozesse verwickelt. Folge: Verzicht auf Rechtsmittel /Staatsverdrossenheit).
- Durch das Versagen eines zeitnahen Rechtsschutzes seitens der Gerichtsbarkeit werden die Handlungen der Konzerne und der öffentlichen Verwaltung auf das Niveau eines Gesetzgebers gehoben.

Die Folgen hat der Bürger zu tragen:

- Gesellschaften, Genossenschaften und Vereine missachten ihre Zweckbestimmung, in dem „Kapitalrückstellungen" (Horten, Erweiterungen, Aufkäufe etc.) und Verifikationen nur als Mittel zum Zweck einer Machtentfachung ohne jegliches persönliches finanzielles Risiko zu Lasten der Kapitaleigner (Aktionäre, Genossen, Mitglieder).

- Wie zahllose antiquierte Gesetze, ist auch die derzeitige Justizverfassung nicht in der Lage, den Ansprüchen einer sich schnell entwickelnden Gesellschaft, im Sinne einer kostengünstigen und zeitnahen Rechtsprechung gerecht zu werden, obwohl einiges sich schon zum Positiven verändert hat (1967: „Unter den Talaren, der Muff von 1.000 Jahren", trifft nur noch gelegentlich auf „Fachgerichte" zu).

- Es wird „veränderungswilligen" Abgeordneten die Zeit gestohlen, es ist eine Ressourcenverschwendung „pur", wenn sich diese Abgeordneten beispielsweise innerhalb einer „Anhörung" mit 136 undemokratisch zusammengesetzten „Lobbygruppen" und 44 Gutachtern auseinandersetzen müssen und seitenlange, im „Ministerial-System" entstandene und mehrfach nach Einfluss der Lobbygruppen geänderte, unverständliche Gesetzestexte dem Bürger ob als Steuerzahler, Unternehmer oder als Anspruchsteller präsentiert werden, die diese unverzüglich zu beachten haben.

- Die Regelungswut der Institutionen, die letztendlich jeden, der zumindest versucht, diese Regelungen zu beachten – was nie gelingt, weil zu viele – in die Kriminalitätsecke stellt, im Gegensatz zu denen, die nichts dokumentieren oder beachten, d.h. der Versuch alles beachten zu wollen –was nie gelingt - führt eher ins Gefängnis als ein bewusstes „kriminelles" Verhalten.

- Ein ganzes Labyrinth aus Steuer- und / oder Sozialversicherungs- und /oder Arbeits- und / oder Bau-Recht muss bei jeder Einzelentscheidung durchschritten werden (dagegen sind Play- Station-Programme etwas für den Kindergarten) und verhindert unternehmerische Kreativität.

  Zur Verdeutlichung:
  Die aktuellste Zusammenfassung aller Arbeitgeberpflichten zum Steuer- und Sozialrecht mit dem Hinweis:
  „Damit werden Betriebe überprüft",
  hat doppelspaltig im A4 –Format einen Umfang von 880 Seiten.
  Plastisch: Es ist so groß und dick wie das Kölner Telefonbuch.

Der Irrsinn und die Ungerechtigkeit dieses Mandarin-Systems verdeutlicht sich beim Zusammenwirken von z. B. Arbeits-, Steuer- und Sozialversicherungs-Recht.

*

Einige Beispiele, welche für jeden, der etwas in dieser Materie steckt, nachvollziehbar und auf viele „**Regelungswut**"-Fälle*) zu übertragen ist:

*) Das Verlangen des Finanzamtes zu „Fahrtenbücher" ist in der Durchführung vollkommen undefiniert (willkürlich), verletzt Arzt- und Geschäftsgeheimnisse, denn Fahrtenbücher mit Inhalten über Name, Adresse, Grund und Zweck des Dienstganges sind für jeden Fahrzeugnutzer (z.B. Werkstatt) einsehbar und verletzen somit individuelle Rechte der Unternehmer und Kunden (Patienten).

Beispiel A: Kleinunternehmer (Fensterputzer)

Ein Kleinunternehmer (Fensterputzen, Häusliche Krankenpflege) mit 10 Mitarbeitern und einem Fuhrpark von 10 älteren 3. Hand-Fahrzeugen mit einem Zeitwert von je 2.000 € und erwirtschaftet am Jahresende einen Überschuss ca. **25.000 €**. Klingt gut ?

Der Gesamtfahrzeugpark hat am Jahresende 200.000 km zurückgelegt, wovon 160.000 km nachweislich den Kunden in Rechnung gestellt und auch bezahlt wurden, sowie 60.000 € Gesamtkosten verursacht worden.

Sachlogisch wurden 40.000 km „**Privat**" (= 20 %) gefahren, was durch die Fahrzeugüberlassung an die 10 Mitarbeiter entstand, die ihrerseits die anteiligen Kosten von 12.000 € (= 20 %) , monatlich mit 100 € als „**lohnwerten Vorteil**" übernommen hatten, die selbstverständlich als Lohnanteil der Lohnsteuer- und Sozialversicherungs-Pflicht unterworfen waren.

Die **Steuerprüfung** verwirft diese Art der Fahrzeugkostenverteilung und beharrt auf eine sog. Pauschal-Regelung die 1 % pro Monat des Neuwagenwertes (Listenpreis dieser Fahrzeuge war 25.000 €/Stück) für die **Privat**-Nutzung/Monat und davon 1,3 ‰ pro gefahrenen km.

Für alle Mitarbeiter und Fahrzeuge á 25.000 € ist die 1 % Regelung = 250 € /Monat (3.000 €/Jahr) und 1,3 ‰ = 0,33 €/km x 4.000 km (1200 €), d. h. 4.200 € pro Mitarbeiter (für 10 Fzg´e) anzuwenden.

In der Summe sind nun 42.000 € statt 12.000 € für alle 10 Mitarbeiter zu versteuern, weil irgendein unkontrollierbares „Lügenmärchen" – eine von 5.000 Vorschriften - **nicht** für das Finanzamt erstellt werden konnte.

Der Unterschied von 30.000 € muss nun mit 25 % pauschallohnversteuert werden (**7.500 €**) und wird noch mit 42 % Sozial-Versicherungs-Abgaben für diese 30.000 € belastet (51.752 Brutto ergeben nach Abzug von 42 % (**21.724 €**), die zu berücksichtigenden netto 30.000 €), d.h. **29.224 €** sind aufgrund des Arbeits- und Sozialrechtes **zu Lasten des Arbeitgebers** zu bezahlen.

Der ursprüngliche **Überschuss** von **25.000 €** reduziert sich auf einen **Verlust** von **4.224,00 €.** Die Insolvenz ist vorgezeichnet!

Wer soll denn nun noch „Unternehmer mit Arbeitnehmern" spielen ?

Anders ist diese Regelung für Nutzer von hochwertigen Neufahrzeugen im Preis von z.b. **100.000 €**, die jedes Jahr erneuert werden und deren Steuerabteilungen **jede Kostenausgabe detailliert** nachweisen können.

Dort ist jetzt auf der Basis des v. g. Zahlenbeispiels die Abrechnung nach realem Privat-Kostenanteil von ca. 20 % möglich: ca. **6.400 €**, entstanden aus Wertverlust „AfA" (30.000 €) + Kfz-St.(500 €) + Versicherung (1.500 €) + Treibstoffe für 4.000 km (800 €) = 32.000 €.

Bei der für den Kleinunternehmer nun zwingenden Pauschalregelung: 1.000 € / Monat (12.000 € pro Jahr) und 1,30 €/km x 4.000km = 5.200 €, d. h. **17.200 €** wären als lohnwerten Vorteil zu berücksichtigen.

Diese „Unterschiede" haben **nichts** mit irgendeiner unternehmerischen Leistung zu tun. **Es ist nicht nur Ungerechtigkeit pur!**

Es ist auch ein Systembruch zum Arbeitsrecht.

Die gleichartig Beschäftigten haben zwar nominell das gleiche Gehalt, jedoch durch die Hinzurechnung des „lohnwerten Vorteils" eines Dienstfahrzeugs mit unterschiedlichen Privat-Fahrstrecken auf das Bruttogehalt (statt Bezahlung vom Nettolohn), haben diese nun unterschiedliche Bruttogehälter mit **später unterschiedlich hohen Rentenansprüchen**.

Bei einer arbeitsrechtliche Klage auf Gleichbehandlung eines dieser gleichartig Beschäftigten würde der Arbeitgeber den „Kürzeren" ziehen.

Beispiel B: Hotelangestellte

Dieser Systembruch „**Hinzurechnung auf den Bruttolohn**", statt Abzug vom Nettolohn, wird **extrem überdeutlich** und zu einer „**Frauendiskriminierung**", hier sogar beim **Mutterschutz** (Mutterschutzgesetzverstoß)

Eine Hotelangestellte, tätig als Verkäuferin von Hotelzimmern, hat ein Brutto-Grundgehalt von 1.800 €, netto 1.100 € zuzüglich eines Dienstwagens zur privaten Nutzung und „freie Kost & Logie".

Durch Hinzurechnung der „lohnwerten Vorteile", 300 € fürs Auto und 500 € für „Kost & Logie" werden nun diese 2.600 € - der Wert ihrer Arbeit den der Unternehmer aufzuwenden hatte, der Lohnsteuer und den Sozialversicherungen unterworfen.

Im Falle einer Schwangerschaft und Beginn der Schutzfristen möchte diese werdende Mutter nun nicht länger im Hotel wohnen und gibt auch das Auto ab.

Obwohl ihr tatsächliches lohnsteuer- und sozialversicherungspflichtiges Einkommen 2.600 € betrug und diese Summe auch dem Ar-

---

beitgeber wert war, muss diese nun mit einem Mutterschaftslohn auf der Basis von 1.800 € Brutto = 1.100 € auskommen.

Wovon diese nun ihre Wohnung, ihre Verpflegung, ihre Busfahrten bezahlen soll, verbleibt bei der **derzeitigen gesetzlichen Regelung** im Dunkeln.

*

Evolution statt Revolution

Resignation nach meinen bisherigen Erfahrungen wäre zwar verständlich, jedoch eine alte ostasiatische Weisheit gibt Mut:

„Wer kämpft kann verlieren, wer nicht kämpft hat schon verloren".

Zwar hat M. Miegel nicht ganz unrecht:

- „Viele versuchen erst gar nicht, ihre Geschicke in die eigenen Hände zu nehmen. Warum sollten sie sich Gedanken über ihre Zukunft machen? Dazu fehlen ihnen die mentalen Anreize und nicht selten auch die materiellen Voraussetzungen. Der Staat hat sich zum Übervater entwickelt. Gegen ihn aufzubegehren, erscheint vielen sinnlos. Er lähmt Phantasie und Gestaltungswillen der Bürger und lenkt sich auf Nebengleise.
Da herrscht Leben. Auf den Hauptstrecken zuckeln Politik, Wirtschaft und Gesellschaft mühsam dahin.
- Jeder Versuch, hieran etwas zu ändern, stößt auf erbitterten Widerstand."

> Miegel, Meinhard „ Die deformierte Gesellschaft";
> Auszug Seite 283 ff, s. Lit.- Verzeichnis, Nr. 6

und trifft sicherlich –wie selbst von diesem eingeräumt wurde: „auf viele zu", jedoch viele sind nicht alle.

Wenn bereits ein Sechstel aller Güter und Dienstleistungen „schwarz" erwirtschaftet wird:

- „ ... verhält sich [die Bevölkerung] hier zutiefst widersprüchlich. Einerseits kann sie von staatlichen Leistungen nicht genug bekommen. Andererseits zögert sich nicht, ein Sechstel aller Güter und Dienste in Schwarzarbeit zu erwirtschaften und einen mindestens ebenso großen Anteil in unbezahlter Nachbarschaftshilfe und Eigenarbeit , die ebenso gut oder besser über den Markt abgewickelt werden könnten.

> Miegel, Meinhard: „ Die deformierte Gesellschaft;
> Auszug Seite 169ff, s. Lit.-Verz., Nr. 6

ist dieses eine sehr selektive Wahrnehmung des Wissenschaftlers, der übersieht, dass mindestens 30 % der Erwerbsbevölkerung bereits „praktisch" im Rahmen ihrer selektiven Möglichkeiten an der „Systemveränderung" teilnehmen, d.h. zwar nicht systemkonform, jedoch nehmen sie die Sache in die eigenen Hände.

Der Unterschied zwischen brutto und netto macht Schwarzarbeit attraktiv

Was der Arbeitnehmer bekommt ...

Ein Bauarbeiter in der Steuerklasse IV bekommt einen Stundenlohn von 14 Euro, was über dem Mindestlohn II der alten Bundesländer liegt. Davon gehen Steuern und Sozialabgaben ab:

Brutto-Stundenlohn	**14,00 Euro**
Steuern	2,21 Euro
Solidarbeitrag	0,12 Euro
Rentenversicherung (9,75 Prozent)	1,37 Euro
Arbeitslosenversicherung (3,25 Prozent)	0,46 Euro
Krankenversicherung (7,25 Prozent)	1,02 Euro
Pflegeversicherung (0,85 Prozent)	0,12 Euro
Nettolohn	**8,70 Euro**

14,00 Euro   14,00 Euro

... und was der Arbeitgeber bezahlt

Brutto-Stundenlohn	**14,00 Euro**
plus Lohnzusatzkosten:	
gesetzliche Soziallöhne (z.B. Mindesturlaub, Feiertage, Krankheit)	2,78 Euro
gesetzliche Sozialkosten (Renten-, Arbeitslosen-, Kranken- und Pflegeversicherung, Beitrag zur Berufsgenossenschaft)	5,86 Euro
tarifliche Soziallöhne (z.B. 13. Monatseinkommen, Beiträge zu den Sozialkassen)	2,24 Euro
plus Gemeinkosten des Betriebes (erfahrungsgemäß 105,5 Prozent des Bruttolohns)	14,77 Euro
plus Lohnnebenkosten (z.B. Fahrtkosten, Auslöse des Arbeitnehmers für auswärtigen Einsatz = erfahrungsgemäß 10 Prozent des Bruttolohns)	1,40 Euro
plus Mehrwertsteuer	6,57 Euro
Gesamtbelastung für den Arbeitgeber	**47,62 Euro**

33,62 Euro

© 10/2004 Deutscher Instituts-Verlag

Konsequenz: Bei einem Verhältnis von 47,62 zu 8,70 Euro muss der Bauarbeiter 5,5 Stunden arbeiten, um sich eine Stunde der von ihm geleisteten Arbeit kaufen zu können.

Ursprungsdaten: Zentralverband Deutsches Baugewerbe (ZDB)   **Institut der deutschen Wirtschaft Köln**

Deutlicher:

Der eine Bevölkerungsteil ist im wirtschaftlichem Überlebenskampf, der andere mit dem Geldzählen oder Ankauf anderer Unternehmen oder der Entwicklung "abartiger" Konsum-Produkte ab 250.000 € / Stück beschäftigt, bzw. mit der Erstellung oder Umsetzung von unsinnigen und überflüssigen Verwaltungsanweisungen, die den „letzten" produktiv Arbeitenden das Leben schwer machen.

> *Die Milliarden, die ins Ausland transferiert wurden, hindern die anderen Länder, sich ihrer Kultur entsprechend zu entwickeln.*

Die Milliarden, die ins Ausland transferiert wurden und u.a. zum Aufkauf ausländischer Unternehmen oder Errichtung „wenig sinnvoller Auslandsinvestitionen" (s. "Pleite" - Tiger-Staaten, der „Neue" Aktienmarkt") aufgewendet wurden, wurden zuvor den anderen Unternehmen bzw. der Gesamtgesellschaft zur Lösung "sozialer Probleme" vorenthalten und hindern sogar die anderen Länder, sich ihrer Kultur entsprechend zu entwickeln.

Polemisch:

- Ministerialbeamte und Parteiarbeiter waren/sind mit dem Aufbau ihrer persönlich-finanziellen Karriere befasst (dafür war auch eine Absenkung des Spitzensteuersatzes notwendig, denn nur letztgenannter Personenkreis zahlt diesen Spitzensteuersatz).
- Volkswirtschaftlich im Sinne des Bruttosozialproduktes ist es „gleichwertig", ein Fahrzeug für 250.000€ statt 25 Fahrzeuge für 10.000 € (BSP= 250.000 €) zu produzieren.
- Es entlastet dann auch noch den Straßenverkehr.
- Viele „neue" Arbeitsplätze werden in Wach- und Schließgesellschaften entstehen, um die "Erfolgreichen" gegen die "Sozialneider" zu schützen.

Der Ansatz einer wie auch immer geratenen Vermögensteuer wurde durch „Ungleichbehandlungen" bei den Besitzenden zerstört.

Die Väter des Grundgesetzes hatten sich sicherlich etwas positives im Sinne einer Vermögensumverteilung gedacht.

Diese Gedanken einer Umverteilung, statt Kumulierung zu immer „Mehr" bei immer „Wenigern", **muss** erneut diskutiert und umgesetzt werden.

Milliarden-Beträge sind besser in gesellschaftlich sinnvolle Aktivitäten (Bildung, Altersicherung, etc) einzusetzen, statt in zweifelhafte Yachten, Fahr- und Flugzeuge, Luxusbauten etc, die nur wenige nutzen können.

Evolution statt Revolution entspricht dem Geist und auch der Fähigkeit einer wirklich pluralistischen und demokratischen Gesellschaftsordnung.

Zerstörtes Vertrauen und sich nicht erfüllende Hoffnungen lassen auch die Gutmütigsten nicht kalt.

Irgendwann krümmt sich auch der getretene Wurm:

„Wir sind das Volk!".

Es wird nicht immer so „glimpflich" abgehen wie 1989/90 vor den „Mauerfall" (s. a. zwingender Interessenausgleich, Seite 90).

An die französische Revolution oder an die Oktober-Revolution 1917 muss nicht erinnert werden, denn jeder kennt es und hält es für eine „nichtwiederholbare Vergangenheit".

Das Mandarin-System in China führte zu mehreren hundert Jahren „absolutem Stillstand" der chinesischen Gesellschaft, mit später ungezählten Millionen Toten beim „langen Marsch" des Mao Tse Tung und seiner späteren Kulturrevolution.

Das „SCHarm"-Modell zeigt einen gehbaren Weg, auch für Mindestlöhne.

Die einzigen Gegner wären vielleicht noch die öffentlich – rechtlichen Institutionen, die „selbstausbeuterische" Sklavenlöhne" an Subunternehmen zahlen, die dann die **„Drecksarbeit"** machen.

Aber auch Letztere helfen sich damit, dass diese dann „illegal und /oder schwarz" Personen beschäftigen.

Anmerkung :

> **„Drecksarbeit"** muss neu definiert werden.

> Auch der „schöne" Beruf des Kfz-Mechanikers hat viel mit „Dreck" zu tun.

> Der Kotflügel hat seinen Namen nicht zu unrecht.

> Dort und an der Bodengruppe findet sich „Hundekot", „Tote Tiere" u.s.w.

> **„Drecksarbeit"** ist mehr der „asoziale Arbeitsplatzabbau" zur Gewinnsteigerung und nicht irgendeine gewerbliche oder pflegerischen Tätigkeit.

Missstände wurden nun zur Genüge beschrieben, nun sollten konkrete Vorschläge zur Beseitigung der Missstände oder besser die Grundlagen für die Diskussion und Umsetzung von Veränderungen geliefert werden.

Dieses in der Hoffnung, dass das „dem Leser auf die Füße treten" nicht schmerzhaft war, sondern lediglich den Leser wach gemacht hat, damit auch nachstehendes in eine geöffnete Gedankenwelt Platz finden kann.

Zukunftsfähig auch durch Geschichtsbewusstsein

Zukunftsfähigkeit heißt aber auch sich geschichtsbewusst mit der Politik und dem Handeln der Politiker, insbesondere in jüngerer Zeit, auseinander zu setzen und daraud zu lernen, nach dem Motto:

> „Wem nutze diese Aktion!"

Einige Parabeln, die Sie selbst zuordnen, jedoch niemals irgendetwas finden werden, was einen nachzuweisenden Realitätsbezug herstellen könnte. Des Autors und Ihrer Fantasie sind keine Grenzen gesetzt.

A Die Parabel vom alleingelassenen Politiker

Auf dem Gipfel der seit Jahrzehnten angestrebten Machtposition angekommen, wird ihm auf einem Empfang, bei einem Gläschen Sekt in der Hand, von einem vermögenden Spitzenbürger angedeutet: „Das mit der Unverteilung und der Erbschaftsteuer, das lassen Sie mal. Der Wahlkampf ist doch vorbei."

„Wieso?"

„Meine Freunde lassen sich nicht 20 Mrd. stehlen! Hatten Sie nicht schon mal eine Wahlkampfverletzung? Haben Sie nicht Familie? Sie sind doch jetzt fast das, was Sie immer sein wollten !"

Spitzenparteifreund „Nebenbuhler", dem von diesem Gespräch erzählt wurde und hinzugezogener Spitzenparteifreund „Polizeichef": „So etwas kann gar nicht sein! Du machst Dich nur wichtig ! Du willst für Deine Familie und Dich einen Polizeischutz rund um die Uhr ? Mach Dich doch nicht lächerlich ! Wir brauchen vor Nichts und Niemanden Angst zu haben. Es sind alles unsere Freunde. Basta !" Was tun ?

B Die Parabel der dankbaren Ehrenwort-Politiker

Der eine hilft bei großen internationalen Problemlösungen, der andere beim Aufbau des Landes. Aufgrund vieler bürgerkriegsbedingten Interessenlagen kommt nur 1/3 dieser Hilfe in Form einer Zuckerlieferung als Lebensmittelhilfe tatsächlich an. Diese „Hilfe" soll 30 Mill. DM betragen haben? Der Rest geteilt ? `

C Die Parabel der ungleichen Brüder

Die Zwei gutsituierte Brüder haben – sicherlich wegen ungünstiger Bedingungen – gemeinschaftlich viel „Mist gebaut" und landen beide in unterschiedlichen Gefängnissen.

Der eine wird nach 3 Jahren mit etwas Demontage seines Besitzes (Eigentümer waren beide Brüder) als Schadenersatz, aus dem Gefängnis entlassen und bekommt 30.000 € Darlehen zur Rehabilitierung. Er kann neues Werkzeug kaufen und auf eigene Rechnung arbeiten.

Nach 35 Jahren ist er einer der reichsten Männer der Welt.

Beim anderen Bruder wird 10 Jahre lang dessen Besitz (Eigentümer waren beide Brüder) demontiert, bekommt Freigang, muss jedoch die Arbeitserträge weitestgehend abliefern.

Nach weiteren 35 Jahren wird er ohne Vermögen freigelassen.

Welche Rechte hat er gegenüber seinem Bruder?

Welche juristische Pflicht, von familiären und/oder moralischen Verpflichtung abgesehen, hat nun der „Erstentlassene", insbesondere, da beide Eigentümer von allen Besitzungen waren ?

Risikogerechtigkeit"

Vorbemerkung zu diesem Themenbereich (Auszug: VOWIG).

„Wir haben kein Erkenntnisproblem, sondern nur ein Handlungs-
bzw. Umsetzungsproblem", solche und ähnliche Sprüche von hohen
Wissenschaftlern oder Repräsentanten des Staates kennt man.

Logisch, wenn ich die **Folgewirkungen meiner Handlungen** nicht
kenne und daher irgendwelche nicht gewollten Konsequenzen be-
fürchten muss, unterlasse ich besser jede Handlung (Aussitzen, Ab-
warten, „Ruhige Hand" u.s.w.).

Wenn in der „Technik" so abwartend vorgegangen würde, würden
wir heute nicht mit dem Handy telefonieren, sondern noch immer
„trommeln" und das Ford „T-Modell, Baujahr 1923 " wäre noch
heute der „Technische Standard" der Luxusklasse eines Massenver-
kehrsmittels.

Ursache dafür sind Defizite über volkswirtschaftliche Zusammenhänge oder besser:

> *Wir haben den Mangel, die*
> *„ Volkswirtschaft als System " zu betrachten.*

Fangen wir an, diesen Mangel zu beseitigen.

Schon aus der ganzheitlichen Überlegung oder aus den Fragen „Was
soll denn dieses bedeuten?" oder „Wofür soll das Wissen darüber
denn gut sein?" – müssen die Zusammenhänge in einer Volkswirtschaft zum besseren Verständnis von Handlungs- und Umsetzungsde-
fiziten und deren Überwindung verdeutlicht werden.

Wie wirken die verschiedenen Einzelheiten der volkswirtschaftlichen,
soziologischen und politischen Gegebenheiten zusammen?

Auch hier gilt: „Das Ganze ist mehr als die Summe seiner Teile"

> *Doch wie kann man dieses System nachvollziehbar und*
> *einfach verständlich darstellen, ohne die Wirklichkeit zu*
> *stark zu verbiegen oder zu verfälschen?*

Aus meiner pädagogischen Trickkiste und im Rahmen schriftstelleri-
scher Freiheit erlaube ich mir, die gesamte Gesellschaft mit zuvor
genannten Gegebenheiten „schlicht und einfach" mit einem Automo-
bil praxisnah zu vergleichen, d. h. als eine Parabel, als ein in Bewe-
gung befindliches Fahrzeug darzustellen.

Jeder fährt es, jeder kennt es: Das Auto.

Dieses soll keine Einführung in die Kfz-Technik werden, sondern nur eine Verdeutlichung der Problematik.

Mit einem systemtheoretischen Ansatz wird die derzeit in Deutschland praktizierte Volkswirtschaft mit einem Auto verglichen und auch Sie werden feststellen:

Jeder Verkehrspolizist und jeder TÜV würde ein derartiges Auto sofort aus dem Verkehr ziehen und dieses Fahrzeug der sachgerechten Entsorgung zuführen

Jedem autofahrenden Laien dürften die aufgezeigten Zusammenhänge bei einem Auto bekannt sein und auch bewusst werden, dass nahezu jeder Begriff sich noch in zahllose Einzeltechniken zerkleinern lässt, z. B.:

Getriebe – Zahnräder - Mechanik – Dynamik – Werkstofftechnik – Stahl usw.

Alle Baugruppen mit ihren speziellen Eigenschaften funktionieren in ihren Einzelheiten, der Scheibenwischermotor, wie auch der Scheinwerfer, der Motor und das Getriebe.

In der „Ganzheit des Autos", in einem „fahrenden Fahrzeug" erzeugen diese Baugruppen (Sub-oder Sub-Sub-Systeme) **andere**, vorher nicht gekannte Eigenschaften; wie z. B. eine saubere, die Weitsicht nicht trübende Windschutzscheibe, gute Beschleunigung, aktive und passive Fahrsicherheit.

Kurz: **Neue Eigenschaften**, wie z. B. unfallvermeidende und unfallfolgenverringernde Fahreigenschaften.

Unabhängig von der Art der Fortbewegung liegen für Straßenverkehrsteilnehmer die äußeren Bedingungen „auf der Straße" vor, die jede für sich eine Gefahr darstellen, durch die das Fahrziel nicht erreicht werden kann.

Das „System" Auto, als mobiles Etwas in unserer Umwelt

Modell: Uni-Car
Baujahr: 2005
Hersteller: Standard

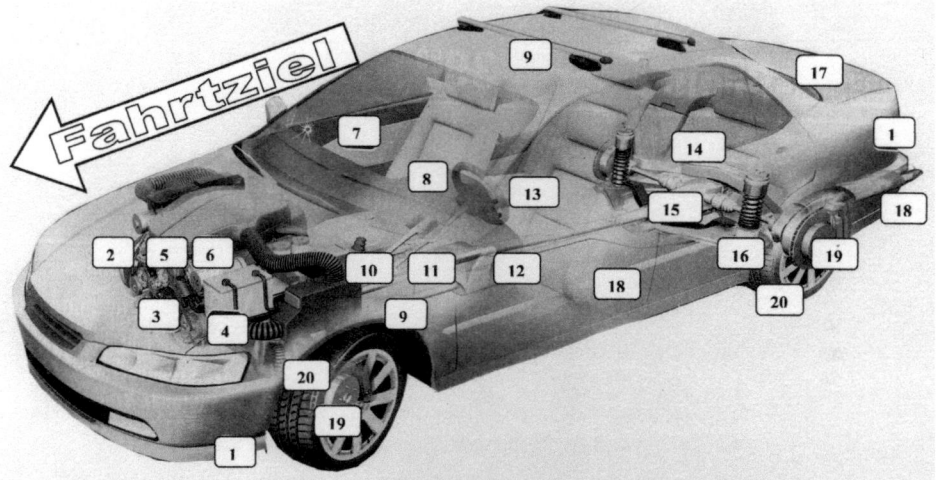

Betrachten Sie sich die einzelnen Baugruppen / Teile des gezeigten Fahrzeuges!

1	Stosstange	8	Armaturen	15	Differenzial
2	Ansaugluft /Treibstoff	9	Karosserie (Rahmen)	16	Federung, Stoßdämpfer
3	Motorkühlung	10	Kupplung	17	Kofferraum
4	Motor	11	Getriebe	18	Abgasanlage-Katalysator
5	Motorsteuerung	12	Fußpedale (Gas, Bremse)	19	Antriebsachse / Reifen
6	Motorenzylinder	13	Lenkrad (Fahrer)	20	Bremsanlage
7	Windschutzscheibe	14	Rücksitzbank		

Betrachten Sie nun die Straße, auf der sich das gezeigte Fahrzeug bewegt!

„Unfallgefahren" lauern überall.

Asphalt	Beton	Schotter	Blaubasalt	Dreck
Verkehrs-schilderwald	Schlaglöcher	Gegen-verkehr	Straßen-führung	Kurven-verläufe
Spurrillen	Regen	Laub	Öl	Schutt
Fußgänger	Sonnenschein	Radfahrer	Schnee	Eis

Vorbemerkung zur Risikogerechtigkeit

Wechselnder Fahrbahnbelag mit Straßenschäden, belastet mit Laub, Öl, Dreck, Schutt u.s.w. erschwert das Autofahren, welches durch andere Verkehrsteilnehmer, Straßenverläufe und Verkehrsschilderwald sowieso überlastet ist und durch wechselnde Witterungsbedingungen zu einem reinen, täglichen „Überlebenskampf" geworden ist.

Obwohl viele Automanager dieses vergessen haben:

Ein Auto ist mehr als die Summe seiner Einzelteile mit gänzlich anderen Eigenschaften.

Wenn nach der „Chaos-Theorie" bereits ein Flügelschlag eines Schmetterlings in der Südsee, einen Orkan in der Karibik verursachen kann, kann eine um 0,02 € billigere Gummileiste (andere Qualität) am Scheibenwischerblatt einen schwerwiegenden Unfall durch Sichtbehinderung auslösen.

Das Auto auf der Straße im Zusammenspiel mit hochkomplexen Einzelteilen, mit **erst jetzt entstehenden Eigenschaften** unter äußeren Fahrbedingungen, erzeugt extreme Belastungen für den Fahrer, wenn dieser tatsächlich sein Ziel erreichen will und setzt einen „wissenden" und „verantwortungsbewussten" Autofahrer voraus.

Übertragen wir das Auto und Autofahren nun auf die Volkswirtschaft und soziologische Faktoren.

Ähnlich wie bei dem vorgezeigten Auto, sind auch hier nur stichpunktartig die Einzelschwerpunkte einer Volkswirtschaft dargestellt, die erst in ihrer Gesamtheit mit unveräußerlichen Werten eine „Kulturgesellschaft" erzeugen.

Jeder einzelne Schwerpunkt ist auch in weitere Teilbereiche aufteilbar, wie z. B. die Verbände – Arbeitgeberverband, Gewerkschaft, Industrielobby – Versicherungsverbände – Banken – IHK usw.

Hier erhebe ich keineswegs den Anspruch auf Vollständigkeit und Richtigkeit der Vergleiche.

Auch hier gilt:

> *Die Volkswirtschaft ist mehr als die Summe ihrer betriebswirtschaftlich handelnden Einzelorganisationen, mit gänzlich anderen Eigenschaften.*

Sie sollten Ihren Blick auf das Modell „Volkswirtschaft" etwas verweilen lassen. In irgendeinem „Bauteil" finden Sie auch sich selbst wieder.

Nur fast belustigend richtig erscheint doch wohl die „übertragene Darstellung": **Am Steuer sitzt die Politik, die Regierung.**

Modell: Volkswirtschaft   Baujahr: 2005   Hersteller: Deutschland

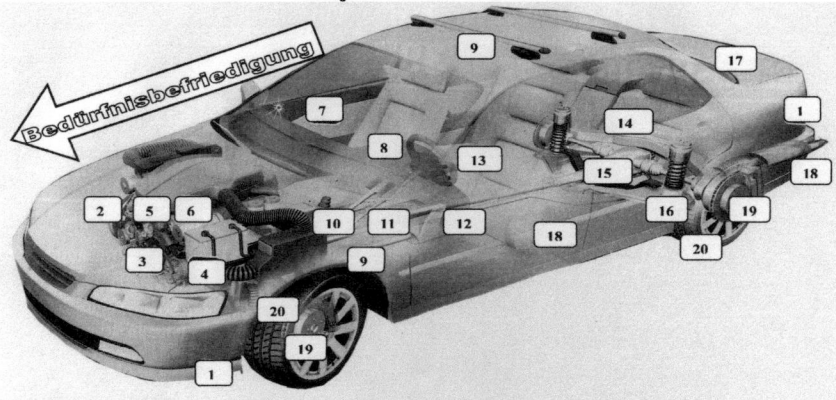

Die Teilsysteme des Autos sind durch Teilsysteme der Volkswirtschaft ersetzt.

Auto	Nr	Volkswirtschaft	Auto	Nr.	Volkswirtschaft
Stosstange	1	Militär	Getriebe	11	Arbeitnehmer
Ansaugluft /Treibstoff	2	Importe	Fußpedale (Gas, Bremse)	12	Zentralbank
Motor-kühlung	3	Geldkreislauf - Zentralbank	Lenkrad (Fahrer)	13	Politik / Regierung
Motor	4	Wirtschaft	Rücksitzbank	14	Verwaltung, Rentner, Universitäten, Schulen
Motor-steuerung	5	Betriebswirtschaft	Differenzial	15	Gerichtsbarkeit (Justiz)
Motoren-zylinder	6	Wirtschaftsbereiche (Industrie, Handwerk, Landwirtschaft)	Federung, Stoßdämpfer	16	Wirtschaftsgesetze, Sozialgesetze
Windschutz-scheibe	7	Informationen / Presse/ Medien	Kofferraum	17	Reserven
Armaturen	8	Wirtschaftsdaten, Wirtschaftsinstitute	Abgasanlage / Katalysator	18	Exporte
Karosserie (Rahmen)	9	Verfassung	Antriebsachse / Reifen	19	Banken, Versicherungen, Handel, Transport
Kupplung	10	Industrieverbände / Gewerkschaften	Bremsanlage	20	Politik, Zentralbank, Staatsverschuldung

Sie erkennen selbst, was laufend „unter die Räder kommen kann"!

Chancen-gleichheit	Kinder-erziehung	Arbeitsplätze	Glück	Hilfe zur Selbsthilfe
Wohlstand	Religion	Frieden	Humanität	Gerechtigkeit
Ausbildung	Toleranz	Freiheit	Kultur	Sicherheit
Umweltschutz	Würde	Außenhandel	Stabilität	Vollbeschäftigung

Vorbemerkung zur Risikogerechtigkeit

Nun zu den **Fahrbedingungen und zum Fahrbahnuntergrund** (unvollständig, ohne Rangfolge und Wertigkeit) auf dem sich dieses Modell der „Volkswirtschaft " bewegt (Sie sollten sich dieses intensiv betrachten):

Auch diese Begriffe lassen sich zerkleinern in zahllose Einzelaspekte (Sub- und Sub-Sub-Systeme) wie z. B. Gerechtigkeit in: Belastungsgerechtigkeit, Strafgerechtigkeit, Risikogerechtigkeit, Ausbildungsgerechtigkeit usw.

Diese Volkswirtschaft als Teil der Gesellschaft, **ist ein Zusammenspiel** von hochkomplexen Einzelorganisationen mit erst jetzt entstehenden neuen Wirkungen und Beeinflussungen, mit Hoffnungen und Erwartungen der Menschen unter äußeren Marktbedingungen (z.B. Globalisierung).

Wenn nach der „Chaos-Theorie" bereits ein Flügelschlag eines Schmetterlings in der Südsee, einen Orkan in der Karibik verursachen kann, kann eine um 0,5 %-ige Erhöhung der Sozialversicherungsbeiträge nun 50.000 Arbeitsplätze kosten oder sogar ganze Wirtschaftsbereiche dazu veranlassen - im Rahmen des Globalisierung - nun die Produktion auszulagern.

Die Volkswirtschaft besitzt vollkommen andere, kaum berechenbare Eigenschaften, die extreme Belastungen für die „richtungsgebenden Handelnden" (Politiker) erzeugen, wenn diese tatsächlich das Ziel *[)] erreichen wollen, ohne das zuviel „unter die Räder kommt".

*[)] Das **Ziel einer Volkswirtschaft sollte das Wohlergehen** (Befriedigung der wirtschaftlichen **und** sozialen Bedürfnisse) der Gesellschaft in Frieden und Freiheit sein (s. Grundgesetz).

Ziel darf niemals der reine „nackte" Machterhalt sein,
denn Macht ohne Gestaltungswille ist sinnlos.

Nun zu den vom Auto übertragenen Zusammenhänge in der Volkswirtschaft:

Die Straße auf der sich dieses Modell „Volkswirtschaft" bewegt, stellt zwar keine unmittelbare Gefahr dar, soll jedoch zeigen „was alles durch die Volkswirtschaft unter die Räder kommen kann".

Sie wissen selbst, was bereis laufend „unter die Räder gekommen ist"!

Es ist sicherlich ausgeschlossen, dass überhaupt nichts „unter die Räder kommt", jedoch sollte die Politik am Steuer (13) zumindest vermeiden, dass unverzichtbare Grundbedürfnisse, wie Würde, Frieden, Gerechtigkeit, Humanität, Umweltschutz und Freiheit „unter die Räder" geraten – diese sollten erhalten und „geschützt" werden.

Es sollte nun für den Leser die Erkenntnis erwachsen sein, dass die gesellschaftlichen Probleme nicht wirklich gelöst werden, wenn nicht die Volkswirtschaft als System betrachtet wird.

Anmerkung:
Die nachfolgenden Ziffern in den Klammern beziehen sich auf die Vergleichstabelle zum Objekt „Volkswirtschaft" der letzten Seiten.

Wie zuvor schon karikierend und belustigend festgestellt, gilt bei der „sicherlich zu einfachen, übertragenen Darstellung vom Auto auf die Volkswirtschaft", vom Autofahren auf gesellschaftliches Handeln:
Die Politik (13), der(die) Politiker (in) sitzt am Steuer (13).

Hier soll es für die Politik und den Leser bedeuten:
Wenn man nicht weiß, wohin man will, darf man sich nicht wundern, dort angekommen zu sein wohin man nicht wollte.

Für eine Kursänderung ist es zu spät, denn die Legislaturperiode ist vorbei, für einen selbst (Autor), hoffendlich nicht für Sie - fast zu spät - das aktiv zu gestaltende Leben ist nahezu vorbei.

Nun sollte ein Fahrer und auch die anderen Betroffenen schon wissen, was er für eine Funktion hat:

Ist dieser ein Testfahrer, der die Reifen oder den Motor testet und letztendlich im Kreis fährt oder nur ein Sonntagsfahrer, der ziellos durch die Gegend fährt?

Hier soll es bedeuten:
Übertragen auf den Politiker, sollte man zumindest wissen, wessen Interessen dieser vertritt, d. h. der „**gläserne Abgeordnete**" ist ein sachlogisches Ergebnis einer analytischen Betrachtungsweise.

Eine analytische Betrachtungsweise bedingt für die **Fahrer der Volkswirtschaft**, *wenn schon keinen Führerschein, dann zumindest die* **Offenlegung** *der jeweiligen Interessen, den „gläsernen Mandatsträger (Abgeordneten)" und selbst verständlich auch den gläsernen politischen Beamten (Minister).*

Technischer Mangel
Ein Fahrzeug ohne ABS (Anti-Blockiersystem) ist bei einer Vollbremsung (12) nicht lenkbar (13).

Hier soll es bedeuten:
Was bringt es der Politik (13), um Arbeitslosigkeit zu vermeiden, nach rechts oder links zu lenken, wenn jemand, z.B. die Zentralbank (12)) mit zu hohen Zinsen, voll auf der Bremse steht?

Technischer Mangel
Der Motor (4) stottert, er läuft „unrund", weil zu wenig Kühlmittel (3) vorhanden ist.

Hier soll es bedeuten:
Wie soll sich die Wirtschaft (4) entsprechend den sich verändernden Marktbedingungen nun weiterentwickeln, wenn zu wenig Geld (3) im Umlauf ist ?

Technischer Mangel
Mit einer rupfenden oder durchrutschenden Kupplung (10) kann unmöglich die im Motor steckende Kraft auf die Räder (14) gebracht werden.

Hier soll es bedeuten:
Eine erstklassige Wirtschaft (10) mit sich „verzankenden" Verbänden (14) - Gewerkschaften contra Arbeitgeberverbände - die um den Abschluss irgendwelcher gesellschaftlichen Mindestbedingungen (z.B. Branchen-Mindestlohn) streiten.

Technischer Mangel
Das trifft auch zu, wenn sich im Getriebe „verschlissene Zahnräder" (11) befinden („Sand im Getriebe").

Hier soll es bedeuten:
Schlecht bezahlte oder schlecht ausgebildete und / oder demotivierte, mit Arbeitsplatzsorgen und zu hohen Abgaben belastete Arbeitnehmer (11) können unmöglich die technisch mögliche Gütermenge erzeugen bzw. „unter´s Volk" bringen.
(s. Sonderdruck: Das **„StAbi"**-Modell)

Technischer Mangel
Wie weit ein Auto fahren kann, ist von der Beladung (14) - Was wird alles mitgeschleppt? - und den Reserven (Tank) abhängig (17).

Hier soll es bedeuten:
Nicht zufällig stehen hier die Begriffe „Verwaltung (14), Rentner, Universitäten (17), Schulen und Ausbildung", jedoch ohne Wertung was überflüssig oder zwingend für eine soziale Gesellschaft notwendig ist (s. Sonderdruck: Das **„StAbi"**-Modell).
Es ist aber ein Fakt, dass eine überbordende Verwaltung keinen zusätzlichen Wohlstand erzeugt, weder jetzt, noch in Zukunft (daher: Das **„StAG-Tax"**- Modell)

Technischer Mangel
Das Differential (15), welches unterschiedliche Kräfte /Drehzahlen auf die verschiedenen Antriebsräder (20) ausgleichen soll, ist defekt.

Hier soll es bedeuten:
Die Justiz (15), insbesondere die Zivil-, Sozial-, Finanz- und Verwaltungsgerichtsbarkeit, ist nicht in der Lage, sachgerechte Prozesse in übersehbarer Zeit halbwegs gerecht und nachvollziehbar zwischen den Streitenden auszugleichen. (daher: Das „JuRiG"-Modell).

Technischer Mangel
Ein „überladendes" Auto ohne Reserven kommt nicht weit (Faustregel: 100 kg Ballast erzeugen einen Mehrverbrauch von 1 Liter auf 100 km).

Hier soll es bedeuten:
Mit Sozialabgaben überfrachtete Löhne erzeugen Arbeitslosigkeit, denn z. B. 0,1 % veränderte Sozialversicherungsbeiträge entsprechen 100.000 Arbeitsplätze (s. Sonderdruck: Das „SCHarm"-Modell).

Weitere Mängel am Auto (kaum ein Autofahrer merkt diese „schleichend eintretenden Fehler):

Technischer Mangel
Die Federung (16) des Fahrzeuges ist defekt, die Dämpfung (16) ist nicht hinreichend abgestimmt: Beide entsprechen nicht den Fahrleistungen und sind das Gegenteil einer passiven Fahrsicherheit, weil diese nicht „durch die Technik selbst", Unfälle verhindern.

Hier soll es bedeuten:
Wirtschaftgesetze (Sozialgesetzgebung, Steuergesetze) entsprechen nicht mehr dieser sich schnell entwickelnden und sich ändernden Hochleistungsvolkswirtschaft. (daher: Das „StAG-Tax"- Modell

Technischer Mangel
Diese negativen Wirkungen steigern sich, wenn der Luftdruck in der Bereifung (20) zu niedrig ist.

Hier soll es bedeuten:
Die Banken geben nur mit höchsten Auflagen Kredite (Basel II) und / oder Versicherungen und / oder Kapitalgesellschaften (20) horten die Beiträge / Gewinne, statt sie an die Anspruchsberechtigten / Kapitaleigner auszuzahlen (daher: Das „KaRiG"-Modell).

Technischer Mangel
Dass dieses schlingernde Fahrzeug nicht die Spur hält, nicht dort lang fährt, wo es hingelenkt wurde und zahllose Dinge überfahren werden, ist nicht verwunderlich.

Daher:

> *Jeder Verkehrspolizist und jeder TÜV würde ein derartiges Auto sofort aus dem Verkehr ziehen und dieses Fahrzeug der sachgerechten Entsorgung (**Verschrottung**) zuführen.*

Hier soll es bedeuten:

Sollte die „schlingernde Volkswirtschaft" zivilisatorische und soziale Errungenschaften der Gesellschaft unter die Räder nehmen, dürfte es langsam bedenklich werden.

„Einzelfalllösungen" und / oder „ Das Drehen an Stellschrauben", nur weil es zu einem politischen Konsens führt , führt in die Sackgasse.

Diese Gesellschaft wird nicht zukunftsfähig, irgendwann erschallt der Ruf:

„Wir sind das Volk".

Rechtsuchende, Unternehmer und Kapitalbesitzer sind keine vaterlandslosen Egoisten, sondern auch „das Volk", dass von Gesellschaft (Politik) erwartet, dass das „getragene Risiko der wirtschaftlichen Existenzvernichtung" gerecht honoriert, jedoch zumindest durch gesetzliche Rahmenbedingungen im Bereich der Justiz, des Gesellschafts- und Steuerrechtes, die gerecht und sozial sind, minimiert wird.

Eine letzte Meldung als Bestätigung des Mandarin-Syndroms, die im Grunde nur Resignation erzeugen könnte:

"Ich war von 1973 bis 2004 Richter am Landgericht Stuttgart und habe in dieser Zeit ebenso unglaubliche wie unzählige, vom System organisierte Rechtsbrüche und Rechtsbeugungen erlebt, gegen die nicht anzukommen war/ist, weil sie systemkonform sind.
Ich habe unzählige Richterinnen und Richter, Staatsanwältinnen und Staatsanwälte erleben müssen, die man schlicht "kriminell" nennen kann.
Sie waren/sind aber sakrosankt, weil sie per Ordre de Mufti gehandelt haben oder vom System gedeckt wurden, um der Reputation willen.....
In der Justiz gegen solche Kollegen vorzugehen, ist nicht möglich, denn das System schützt sich vor einem Outing selbst - durch konsequente Manipulation.
Wenn ich an meinen Beruf zurückdenke (ich bin im Ruhestand), dann überkommt mich ein tiefer Ekel vor 'meinesgleichen'."
Frank Fahsel, Fellbach, in der "Süddeutschen Zeitung", 9.4.2008

III. Teil: „JuRiG" statt Rechtsmittelversagung

Ähnlich wie zuvor in Teil II. beschrieben, ist die Justiz **nicht in der Lage**, sachgerechte Prozesse in übersehbarer Zeit halbwegs gerecht und nachvollziehbar zwischen den Streitenden auszugleichen, von „Gerechtigkeit" herzustellen, kann keine Rede sein.

Wie zahllose antiquierte Gesetze, ist auch die derzeitige Justizverfassung nicht in der Lage, den Ansprüchen einer sich schnell entwickelnden Gesellschaft gerecht zu werden, obwohl einiges sich schon zum positiven verändert hat (1967: „Unter den Talaren, der Muff von 1.000 Jahren", trifft nur noch gelegentlich auf „Fachgerichte" zu) und stellen in letzter Konsequenz eine **Rechtsmittelversagung** dar.

Unabhängig vom Urteil wird durch die überlange Prozessdauer und Kostenverteilung, ggf. auch bei Sondergerichten (Finanz- Verwaltungs- und Sozialgerichte), die **Exekutive zur Legislative**, d.h. die Verwaltungsentscheidungen haben solange Bestand bis diese erst nach Jahren durch Urteile aufgehoben werden; im Grunde ist es eine Verhöhnung des Gesetzgebers, der dieses sogar hinnimmt (Bundestagspetition Nr. Pet 2-14-42-827-020711 vom 22.3.00).

> *Risikogerechtigkeit ist gefordert, d.h. alle Prozessbeteiligten müssen ein gleich hohes Risiko tragen*

Meine Vorschläge betreffen den **unternehmerischen Mittelstand** und alle „kleinen Bürger", die zu lange auf Gerichtsentscheidungen warten und viel zu hohe „Prozessrisiken" tragen, wobei die Kostenübernahme durch eine Rechtschutzversicherung nicht zugleich den „vollen Einsatz" des eigenen Rechtsanwaltes garantiert, weil dessen Honorar sich ausschließlich am Streitwert orientiert.

Zu fordern ist eine

„**Ju**ristische **Ri**siko **G**erechtigkeit" („JuRiG"-Modell) .

1. Das Grundproblem:

Warum muss der „Normalbürger" für eine Streitsache seine Existenz auf's Spiel setzten, wogegen ein Großkonzern dieses aus der Portokasse oder (halb-) staatliche Stellen dieses aus Steuergelder bezahlen können?

Sondergerichte (Finanz-, Verwaltungs- und Sozialgerichte) werden zur Exekutive, machen die Exekutive (Verwaltung) zur Legislative und die Legislative (Parlamente) zur nachreichenden Verwaltung und somit die Abgeordneten, egal ob für Kommune, Kreis, Land oder Bund) zu Alibipersonen der Demokratie.

- Soziale Ungleichheit durch Prozesskosten zugunsten von Konzernen und Verwaltungen (Einsatz von Privat- contra Fremd- (= Betriebs- oder Volks-) Vermögen)
- Juristische „Aufsattelung" von Produktions- und Dienstleistungsprozessen (Betriebswirtschaftlich ist eine juristische „Abwehrabteilung" billiger als eine gute Entwicklungsabteilung)
- Selektiv begünstigende Rechtsprechung und Verwaltungsentscheidungen schon auf unterster Ebene (nicht berufungsfähig oder „Sie haben keinen Anspruch auf eine Gleichbehandlung im Unrecht")
- Jahrelange Prozesse mit hohem Prozessrisiko für Anspruchsteller bei „0"-Risiko (=Portokasse) von Konzernen und Verwaltungen (Anspruchsteller werden in sinnlose Kleinprozesse verwickelt). Folge: Verzicht auf Rechtsmittel / Staatsverdrossenheit.
- Durch das Versagen eines zeitnahen Rechtsschutzes seitens der Gerichtsbarkeit werden die Handlungen der Konzerne und öffentlichen Verwaltung auf das Niveau eines Gesetzgebers gehoben.

Beispiel: Versicherungskonzerne contra Schadenanspruchsteller

Wenn Ansprüche von **1.000** anspruchsberechtigten Unfall-Geschädigten (s. Kfz. Versicherung) z.B. in einem beliebigen Zeitraum von einer Woche „unbegründet" um jeweils **500 €** gekürzt werden, erzeugt dieses einen Kürzungsbetrag von **500.000 €,** wobei nur 10 Personen einen Anwalt finden und tatsächlich klagen und auch gewinnen.

> *Bei Kosten von je 2.000 €/Prozess entstehen zwar 20.000 € Gesamtkosten, jedoch noch immer ein Überschuss von 480.000 €.*

In ähnlicher Größenordnung werden auch „minimale" Rechnungskürzungen in Einzelpositionen von Leistungserbringern von öffentlich -rechtlichen Institutionen vorgenommen, die auch in der Summe pro Dienstleistenden schnell die 1.000-€-Grenze übersteigen.

Aber wer soll sich denn und mit welchem Aufwand dagegen wehren ?

Dieses kann nicht als „Einsparung von Versicherten- oder Steuergeldern" bezeichnet werden.

> *Dieses „Schaden-/ Verwaltungs-Management" ist* **„*juristisch sanktionierter Diebstahl*".**

2. Die Prozessvermeidung

Vor dem Richter und vor Gott sind alle Menschen gleich, jedoch vor deutschen Gerichten sind einige gleicher als andere.

Um Prozesse zu vermeiden ist zumindest, unabhängig vom Prozessrisiko und der möglichen Verfahrensdauer, eine „**Waffengleichheit**" im Sinne von gleichen Rechtsgrundlagen zu schaffen. Davon ist die Bundesrepublik jedoch meilenweit entfernt.

Die umrandeten Texte waren **vier Vorschläge** der Praxisvereinigung Physiotherapie e.V. für eine Bundestagspetition Nr.: Pet 2-14-15-2123-038267 vom 3.6.02,

---

1. **Vorschlag: Gesetzeserweiterung**

   Alle „verwaltungsverpflichtenden" Gesetze (hier: §§ 124, 125 SGB V) beinhalten einen Sanktionskatalog für die öffentlich rechtlichen Körperschaften (Hier: GKV).

   Die **Diensthaftung** für „sinnlose, kostenaufwendige Gerichtsverfahren" wird spezifiziert.

---

a) Zahlungspflichten der Sozialversicherungsträger gegenüber Leistungserbringern.

In früheren Eingaben stellten wir aufgrund der Gerichts- und Anwaltskostensituation und der sozialgerichtlichen Handlungsweisen „Einzelfallentscheidung" (über ca. 200 € = Durchschnittswert einer ärztlichen Heilmittelverordnung) bereits fest: Hier ist eine Analogie zum Schlusssatz des letzten Abschnittes (2.1. – Grundproblem) nicht nur zulässig, sondern es ist das Gleiche.

- Der Leistungserbringer verliert finanziell immer, auch wenn er den Prozess gewinnt.

- Die GKV (Gesetzliche Kranken-Versicherung) gewinnt immer, auch wenn diese einen Prozess verliert.

„Da Prozesse für den Gläubiger immer unwirtschaftlich sind und nur der Rechtsmittelverzicht wirtschaftlich, liegt hier eine gesetzliche Versagung des rechtlichen Gehörs vor, die nur durch o.g. Aktivität der Rechtsaufsicht aufgehoben werden kann.

Alles nach dem Motto:

Uns kann keiner; wir sind die Nachfolger von früheren Erzherzogtümern, wir sind ein Staat im Staate, mit einem jederzeit per Beschluss veränderbares Budget zu Lasten der Gesellschaft in Höhe von z.Z. 440 Mrd. € , sogar mit eigener Rechtssprechung (vereinzelt rühmen Sozialgerichts-Richter sich der früheren Justitiar-Aktivitäten innerhalb der gesetzliche Krankenversicherung).

Die Sozialversicherungen vereinigen die in einer Demokratie übliche „Gewaltenteilung" in **eine** „juristische" Person, was im nachfolgenden Abschnitt insbesondere auch durch die „Vollstreckung" **vor** einem rechtskräftigen Urteil verdeutlicht wird.

„Gottseidank" werden derartige Personen nur in der **„wirtschaftlichen Existenz"** beeinträchtigt.

---

2. **Vorschlag:**
   Gesetzeserweiterung des § 69 SGB V, nach Satz 3. einfügen:
   Die Zahlungspflicht der Krankenkassen für Leistungen entsteht mit der erstmaligen Vorlage der Rechnung.
   Neben den BGB-Zinsverzugskosten gelten für Säumniszuschläge die Bestimmungen des § 24, SGB IV.
   Die Überwachung dieser Zahlungen obliegt der Rechtsaufsicht.

Da ich auch als Betriebsberater für Verbandsmitglieder tätig bin, wurden nachstehende unhaltbare Zustände festgestellt, die einer Demokratie unwürdig sind und nur „Staatsverdrossenheit" fördert.

b) Zahlungsaufforderungen / -erinnerungen / Beitragsfestsetzungen durch Sozial-Versicherungs-Träger

Der v. g. Eindruck, dass die Sozialversicherungsträger (hier GKV) ohne jegliche parlamentarische Kontrolle und Aufsicht agieren, wird durch scheinbare Kleinigkeiten verstärkt.

Es ist unverständlich, dass „scheinbare" Sozial-Versicherungs-Fehlbeträge seitens der GKV zwar festgestellt und per üblichem Verzugsschreiben angemahnt werden, jedoch jegliche Rechtsmittelbelehrung fehlt.

Klagen und Berufungen hemmen z. Z. nicht die Vollstreckung !

Völlig unverständlich ist, das auf v. g. Handlung aufbauende „Vollstreckungen" von scheinbaren Fehlbeträgen, zwar auf Antrag ein gerichtlicher Schutz „Aussetzung der Vollziehung bis zur Klärung des Sachverhaltes" innerhalb der Rechtsmittel gewährt wird, jedoch muss der Antragsteller die Gerichtskosten zahlen.

Was hätte der „zur Kasse Gebetene" anderes machen sollen?

Rechtsstaatlich im Rahmen der **„üblichen"** Gewaltenteilung – **Legislative – Exekutive –Judikative** - wäre nachstehendes Gesetz sinnvoll:

---

3. **Gesetzesergänzung (neues Gesetz)** auch für das BGB Zahlungsaufforderung der Sozial-Versicherungs-Träger an Beitragszahlungspflichtige sind in Form eines „Bescheides mit einer Rechtsmittelbelehrung" zuzustellen.
   Widerspruch und Klage haben bis zu einer rechtskräftigen Entscheidung eine zahlungsaufschiebende Wirkung.

> 4. **Vor einer** Vollstreckungsmaßnahme hat der **Gläubiger eine eidesstattliche Versicherung** über den Nichtzahlungseingang abzugeben.

Der letzte Absatz würde zumindest „schadenbegrenzend" wirken, denn z . Z. werden Vollstreckungen und Kontenpfändungen (= Kontenblockierung) auch durchgeführt, wenn bereits gezahlt wurde.

Diese existenzbedrohende **kreditschädigende** Handlung kann im Allgemeinen nicht strafrechtlich geahndet werden, da sich die Verursacher auf „Fehler im System", Buchungsfehler oder ähnliches zurückziehen und gerichtliche Sanktionen unmöglich machen.

Die bisher benannten Probleme in Verbindung mit einer verstärkten persönlichen Haftung des Entscheidungsträgers würden sich von alleine auflösen:

Staatliche und halbstaatliche Organisationen verlangen von Arbeitgebern unentgeltlich Leistungen, haben bei „falschen Schlussfolgerungen einen unmittelbarem „Vollstreckungszugriff" und erstatten als Schadenersatz bestenfalls die gesetzliche Kosten von 20 € bei tatsächlichen Kosten von 5.000 €!

c) Ungeprüfte, öffentlich-rechtliche Forderungen bei „persönlichen" Insolvenzverfahren

Das nachstehende Beispiel dürfte für Betroffene und interessierte Leser nachvollziehbar sein. (War es so vom Gesetzgeber gewollt ?).

- Einem kleinen Dienstleistenden werden 250 € von einem „Privaten" geschuldet.

- Ein beantragter Mahnbescheid wird Bestandteil eines gerichtlichen Insolvenzverfahrens, bei dem dieser „Private" weitere Schulden in Höhe von über 34.000 € hat.

Beispiel: Aus einem vorliegenden Insolvenz -Plan vom 22.5.01über **34.000 €**, reduziert auf ca. 9 % = 3.000 €, d. h. 50 € in 60 Monatsraten, sind vom Schuldner zu zahlen!

Schuldenauszug (beispielhafte Darstellung):

1.	9.000 €	Sozialversicherungsträger
2.	6.000 €	Finanzamt
3.	7.500 €	Bankforderung
4.-7.	6.000 €	Div. Versandunternehmen
8.-17.	2.500 €	Diverse Handwerker und Dienstleister ca. á **250 €**

Dem Insolvenzantrag wird entsprochen mit einer Schuldenquote zu ca. 9 %, d. h. der Schuldner zahlt statt 34.000 € nur 3.000 € in 60 Monatsraten á 50 € ; insoweit keine Einwände gegen das Insolvenzgesetz!

Jedoch was ist mit den Klein-Gläubigern, den Kleinunternehmern?

60 Monatsraten für eine Forderung, die von **250 € auf 25 €** abgewertete wurde = **0,42 €/Monat** ?

Dieser Zustand ist für Kleinunternehmer, die von derartigen Aufträgen leben müssen unhaltbar, insbesondere aufgrund der Tatsache, dass die

a) zu 1 und 2, **öffentlich-rechtliche Forderungen,**
„immer **ungeprüfte Schätzungen**" sind, d. h. der Schuldner hatte kein Geld mehr für einen Sozialversicherungs- oder Steuerberater! (mehrere derartige Fälle von Forderungsrücknahmen nach begründeten Widersprüchen (DR-Bund, GKV, Finanzamt) in Einzelsumme von ca. 12.000 € liegen vor).

b) zu 3, **Bankkreditforderungen**
Diese wurden immer mehrfach im Rahmen der Bonität geprüft und ggf. ein erheblicher Zinsaufschlag fand statt (diese Banken wussten, wem sie Geld leihen, denn diese sind Mitglied der Schufa!)

c) zu 4.- 7., **Warenkreditforderungen**
Diese „Versandunternehmer" haben Zahlungsausfälle bereits in der Kalkulation berücksichtigt und ebenfalls jederzeit Zugriff über eine „Schufa" - Auskunft

d) zu 8 – 17, **Handwerks- und Dienstleistungen**
Man kann nur auf eine **derartige „Kleinzahlung" verzichten,** denn die Buchungs- und Verwaltungskosten **übersteigen den monatlichen Zahlungseingang von 0,42 €** ! (Zukünftig unterlässt man sogar die Erstellung von Mahnbescheiden)

---

5. **Vorschlag:**
Änderung des Insolvenzrechtes zugunsten von Kleinunternehmen
Innerhalb eines Insolvenz-Planes werden alle Forderungen aus Handwerks- und Dienstleistungen unterhalb von 500 € , bzw. mit einer Mindestentschädigung von 500 € **vorrangig** in max. 10 Einzelraten ausgeglichen.
Nicht gerichtlich festgesetzte öffentlich-rechtliche Forderungen, Geldkredit- (Banken) und Warenkreditforderungen (Versandunternehmen) werden erst **nachrangig** nach Erfüllung der anderen Forderungen gemäß Insolvenz-Vorschlagssumme in 60 Monatsraten ausgezahlt.

3. Vorschlag - Prozessverkürzung

Aufsattelung von unzähligen Gutachtern mit extremen Kosten sollen / müssen offenbar Richter und Anwälte fachkundig machen, so als ob bei üblichen Standardstreitigkeiten (z. B. Schadenersatz- und Schmerzengeldverfahren bei Verkehrsunfällen, Mietrecht, Arbeitsrecht etc) die Richter gänzlich ahnungslos und bar jeder Möglichkeit sind, sich selbst sachkundig zu machen.

Nach jahrelangen Verfahren insbesondere vor den sogenannten Fachgerichten (Arbeits-, Finanz-, Verwaltungs- und Sozialgerichte) werden lediglich Berufungs- und Beschwerdefristen von nur **vier Wochen gewährt** – als ob der Unterlegene und dessen möglicherweise beauftragte Rechtsanwalt nichts anderes zu tun hätten.

Sie zwingen schon aus „fristwahrenden Gründen" zu zusätzlichen Gerichtskosten, auch wenn anschließend keine Berufung oder Beschwerde geführt wird.

Endlose Verfahrensdauer und hohe Verfahrenskosten führen durch abschließende Quotierungen zu Belastungen des Klägers, die höher als der Streitwert sind.

Beispiel: Versicherungskonzerne contra Schadenanspruchsteller

Höchst aktuell habe ich dieses Problem, welches bereits im II. Teil, Seite 18 angesprochen wurde, unter dem Eindruck von „meinen Kunden" widerfahrenem Unrecht, geschrieben:

Statt von einem „schweren Frontaufprall auf die Fahrerseite" wird nach 3 Jahren von einem „lapidaren linksseitigen Streifschaden" gesprochen.

Die langen Verzögerungen (6 - 8 Wochen) bei einer versicherungsseitigen Nachbesichtigung und monatelange Verzögerungen innerhalb der Schadenabwicklung bis zum Gerichtsgutachten (15 - 24 Monate), innerhalb der Gerichtsverfahren, lassen potentielle Beweise „untergehen".

Gleichwohl wird von einem unabhängigen Kfz-Gutachter erwartet – diese wurde mehrfach gerichtlich bestätigt- , dass dieser ein „objektives Gutachten" mit einer „besonderen Sorgfaltpflicht" zu Lasten der am Unfall selbst nicht beteiligter Dritter (gesetzlicher Haftpflichtversicherer) zu erstellen hat.

Dieses ist schlicht bei der derzeitigen Gesetzeslage bzw. -interpretation einfach unmöglich, wenn man alle kausalen Schäden, die zu Lasten eines unbeteiligten Dritten (Versicherung) und später in einem Streitfall, zur Vereinfachung der Beweisführung und Entlastung der Gerichte, unmittelbar gerichtsverwertbar erfassen will.

Dem Gutachter des „geschädigten Anspruchstellers" in Bezug auf Feststellung von kausalen Zusammenhängen zur Abklärung weiterer „Plausibilitätsgründe zur Schadenentstehung" sind die Hände gebunden, er kann das schädigerseitige, unfallverursachende Fahrzeug nicht besichtigen,

- insbesondere wenn sogar Personenschäden vorliegen, die zur Beurteilung von verletzungsrelevanten Verzögerungen auch eine „Einschätzung von EES- Werten", d.h. die vom Unfallgegner gefahrenen Aufprallgeschwindigkeit zu berücksichtigen hat.

- Der Unfallverursacher und dessen zahlungspflichtige Versicherung können somit mit Informationen, die diesseits nicht vorliegen, jedes Gutachten in Frage stellen, Ursachen negieren, Schäden abstreiten, Geschwindigkeiten und Aufprallenergien bagatellisieren u.s.w.. letztlich den unschuldigen „Unfallgeschädigten" mangels Beweisen, dessen berechtigte Ansprüche „untergehen lassen".

Zumindest im Bereich der unerlaubten Handlungen (strafbewehrten Körperverletzungen und Sachbeschädigungen) sollte das Schadenersatzrecht derart verändert werden, dass einem unabhängigen Sachverständigen zur Beweissicherung auch die Besichtigung des Fahrzeuges des Unfallverursachers ermöglicht wird, durch

- Verpflichtung der schadenersatzpflichtigen Versicherung im Falle der zeitnahen Anzweiflung eines unabhängigen Gutachtenergebnisses, eine Besichtigung in deren Auftrag, vorzunehmen zu können
oder
- Festlegung einer „Beanstandungsfrist" für ein zeitnah erstelltes Gutachten zur Beweissicherung, dass dieses nur zeitnah (z. B. 2 Wochen) mittels einer Gegenüberstellung entkräftet werden kann (zivilrechtliche Informationspflicht des Geschädigten an seinen Gutachter, zwecks Erfüllung einer möglichen Nachbesserungspflicht).

Die derzeitige Folge:
Der Bürger verzichtet auf die Durchsetzung seines Rechtes mit anschließender Staatsverdrossenheit
Lösung:
Hier wäre eine „synergetische" Verzahnung zwischen Fachrichtern, Fachanwälten und Fach-Gutachtern angezeigt, die verpflichtet werden, mindestens 1 x jährlich den Besuch und die aktive Teilnahme an interdisziplinären Fachtagungen nachzuweisen.

Der Verkehrgerichtstag ist beispielsweise eine derartige Fachtagung, bezogen auf Straßenverkehrsunfälle, an der dann Verkehrsrichter, Anwälte für Verkehrsrecht und Kfz-Sachverständige teilnehmen.

Bisherige Regelungen, die erstklassigen und prozessvermeidenden Anwälten eine berufständische Anerkennung als „Fachanwalt für....." verwehren, weil noch nicht z. B. 20 Prozesse geführt (provoziert) wurden, sollten der Vergangenheit angehören.

Der positiv die Interessen seines Mandanten vertretende Rechtsanwalt, wird allein wegen der derzeitigen Verfahrensdauer einen prozessvermeidenden Vergleich suchen.

Dementsprechend wird somit nie in ansehbarer Zeit seine 20 „Fach-Prozesse" führen können und muss bis dahin auf die Bezeichnung: „Fachanwalt für ....." verzichten.

Den Platz nehmen dann für den „rechtssuchenden, unwissenden" Bürger die Rechtsanwälte ein, die im Auftrag der Versicherungswirtschaft oder Behörde zahllose Prozesse zu Lasten der „einfachen Bürger" führten.

Das Sprichwort: "Wessen Brot ich esse, dessen Lied ich singe", muss wohl nicht näher erörtert werden.

Eine gegenseitige „Anerkennung",

- Fachrichter und Fachanwälte erkennen einen Fachgutachter an
- Fachgutachter und Fachanwälte erkennen den Fachrichter an
- Fachgutachter und Fachrichter erkennen den Fachanwalt an

würde zu einer extremen Verkürzung der Prozessdauer, zu zeitnahen Urteilen und zu einer Entlastung der Gerichtsbarkeit führen.

4. Vorschlag: Vorrang der Feststellungsklage

Grundsätzlich sollte bei jeder Art der Klage **nicht** die sog. Leistungsklage im Vordergrund stehen, sondern die Feststellung, dass dieser sachliche oder persönliche Schaden dem Grunde nach entstanden ist.

Die detaillierte geltend gemachte Schadenhöhe wird nach Lesart eines Gerichtes entsprechend den späteren Beweisbeschlüssen auf der Basis der vorliegenden Leistungsklage **immer falsch** sein, weil eine potentielle Schadensumme durchaus um **0,50 € differieren** kann.

Nicht der Geldbetrag der Reparaturkosten ist durch Gerichtsgutachter zu überprüfen, sondern welche Bau- oder Einzelteile, bzw. welche betriebswirtschaftlichen und persönlichen Daten klagegemäß nun den Schadenersatz, das Schmerzensgeld oder den Verdienstausfall auslösen. Nur dieser Schadenumfang kann „richtig" oder „falsch" sein.

Der zutreffende Geldbetrag ist schnell ermittelt und dürfte kaum zu Diskussionen führen, denn staatlich festgesetzte Preise existieren in der Marktwirtschaft nicht und Preisunterschiede von bis zu 50 % sind höchstrichterlich anerkannte Größen.

Der Kläger / Anspruchsteller /Gläubiger weiß im Grunde nicht – außer bei konkreten Rechnungsforderungen – wie hoch sein Schaden, sein Schmerzensgeld oder sein Verdienstausfall tatsächlich ist.

Er muss sich auf Urteile dieser „Fachleute" verlassen.

Anfragen beim Steuerberater, sogar auf Anforderung der zahlungspflichtigen Versicherung - zum Beispiel für Verdienstausfälle bei Freiberuflern oder „kleinen Selbständigen" - liefern zwar Daten, führen jedoch nicht zu einer Zahlung, sondern erhöhen den Streitwert auf ungeahnte Summen, die möglicherweise der Geschädigte überhaupt nicht verlangt hatte.

Nach Überprüfung des tatsächlichen Schaden unter Berücksichtigung von möglichen Steuerersparnissen wird nun von Gerichtsgutachtern eine Summe vom Gericht festgesetzt, die sich durch die nun durch die vorgesehene Quotierung im Verhältnis zur Summe der Zahlungsklage nun vollständig aufbraucht.

Dieses bedeutet , dass eine ursprüngliche Klagesumme von 5.000 € mit einer ausgeurteilten Schadensumme von 2.500 € bei der nun vorliegenden Quotierung von 50 % der entstandenen Verfahrenskosten (beide Seiten + Gutachterkosten + Gerichtskosten) von 5.000 €, zu einer „**ausgekehrten Summe von 0 €**" führt.

Vorschau, siehe auch Seite 83

Wollen Sie direkt alle Ursachen und Vorschläge kennenlernen ?
Dann empfehle ich: „**Das Mandarin(en) – Synrom**"

Dort werden die Versäumnisse und Missstände beschrieben und in verschiedenen, miteinander unlösbar verbundenen Bereichen der Volkswirtschaft.
Lösungsvorschläge entwickelt, die letztlich die Gesellschaft durch eine verstärkte Chancen-, Bildungs-, Risiko-, Unternehmens- und Steuergerechtigkeit **zukunftsfähig** machen können.

Illustration von Andreas Wirtz

5. Vorschlag – „JuRiG" Juristische Risikogerechtigkeit:

Urteile - die den Namen verdienen – müssen auch nach neuster rechts- und staatsphilosophischer Betrachtung reversibel *) sein (die Grundsätze sind auch bei Plato 427-347 v. Chr. in: „Der Staat", nachzulesen), d.h. bei Vertragsabschluss / Urteilsverkündung ist fiktiv davon auszugehen, dass jeder der möglichen Parteien auf der einen bzw. anderen Seite sitzen kann, d.h. es muss für alle annehmbar sein, auch die jeweiligen Pflichten der anderen Partei übernehmen zu wollen und nicht nur die Rechte.

*) John Rawl:„Gerechtigkeit als Fairneß"; s. Lit.-Verzeichnis
Auszug Seite 60:
So verhält es sich mit Lincoln´s Ausspruch:
"Wenn die Sklaverei nicht falsch ist, dann ist gar nichts falsch".
"Die Positionen von Richtern, Schiedsrichtern und unparteiischen sind so anzulegen, dass sie Bedingungen umfassen, die zum Einsatz der richterlichen Tugenden – unter anderem Vorurteilslosigkeit und Umsicht - anregen, so dass ihre Entscheidungen, soweit das im jeweiligen Fall möglich ist, als Annäherung an wohlerwogene Urteile gesehen werden können."

Dort beschriebene Handlungen sind einer Demokratie würdig, nicht aber eine „kleine Leistungserbringer- und ArbeitnehmerInnen" um den Lohn ihrer Arbeit zu prellen.

Bemerkenswert ist auch die Aussage des v. g. Autors *),
Auszug Seite 227 f:
"Es kann sein, dass die Gerichte versagen und zu viele unvernünftige Entscheidungen treffen, die nicht leicht zu korrigieren sind. Vielleicht überlassen die Gesetzgeber den Gerichten zu viele Angelegenheiten, die von der Legislative selbst in die Hand genommen werden sollten."

5.1. Die Streitwerttabelle

Erfolgshonorare für Rechtsanwälte in Analogie zu US-Verhältnissen können nicht die Lösung sein, denn auch dort kümmert sich kein Rechtsanwalt um Ansprüche von lediglich 1.000 $, die jedoch für den Betroffenen eine mögliche Sparquote von einen Jahr bedeuten.

„Belastungsgerechtigkeit" oder auch „Risikogerechtigkeit" für jegliche Gerichtsverfahren in Analogie zur „verfassungsrechtlich unbedenklichen" **Regelung im Strafrecht:**

Statt Gerichtskosten und Anwaltsgebühren nur am Streitwert zu orientieren, sollten nun Gerichts- und Anwaltskosten wie im Strafrecht "in Tagessätze für den Verlierer" festgesetzt werden.

Die derzeitige Streitwerttabelle wird mit dem Tagessatz des Unterlegenen, nach Vorlage der letzten (Vorjahr) Steuererklärung / Bilanz / Wirtschaftsprüfberichtes / Haushaltsplan *) multipliziert.

Beispiel für den Muliplikator des derzeitigen Streitwertes:

  1 = 100 € Tagessatz für den Normalverdiener
      (2.000 € Brutto –Monatsgehalt = Monatsumsatz)

  10 = 1.000 € Tagessatz eines Unternehmens
      (= 20.000 € Brutto-Monatsumsatz)

  100 = 10.000 € Tagessatz eines Großbetriebes /Verwaltung
      (= 200.000 € M-Umsatz/Einnahmen)

  x 2 = Verdoppelung, wenn der Unterlegene zuvor einen Vergleich eines Schiedsstelle / Schiedsmannes abgelehnte.

*) Niemand wird gezwungen, seine Steuererklärung oder seine Bilanzen vorzulegen: Es gilt schlicht der **Multiplikator 100.**

5.2. Die Urteilspflicht

Die derzeitige Praxis mitten im Verfahren Rücknahme, Vergleiche oder Anerkennungen der Forderung nach einem richterlichen Hinweis, führt zu einem Stillstand der Weiterentwicklung des Rechtes.

Schmerzensgelder (immaterielle Schäden), Verdienstausfälle und ähnliche Massenklagen bleiben auf einem Rechtsniveau der „Nachkriegszeit" stehen und entsprechen weder einer modernen Volkswirtschaft, noch dem aktuellen Rechtsempfinden der Bürger.

Wenn schon ein von der Gesellschaft bezahlter Richter aktiv wird, so kann die Gesellschaft auch „**das Recht**" derart ändern, dass eine Klagerücknahme oder Vergleich oder Anerkennung der Forderung spätestens auf vier Wochen nach Klageeinreichung begrenzt wird.

Wird ein Richter aktiv, so kann die Gesellschaft zur Weiterentwicklung der Rechtspflege, auch ein Urteil erwarten, insbesondere wenn ein Schiedsstellenergebnis erfolglos blieb.

5.3. Die Folgen

- Jeder Rechtsanwalt setzt sich auch ohne Sonderhonorarvereinbarung voll für „ durch Große praktiziertes und geschehenes Unrecht" ein.
- Im Falle des Obsiegens ist bei einem Streitwert von z. Z. nur 500 € - durch die Multiplikation mit z.b. „10" - ein Streitwert von 5.000 € abzurechnen; die intensivste Bearbeitung wird nun honoriert.
- Die Staatskasse füllt sich, d.h. die Kosten der Gerichtsbarkeit, die z. Z. niemals durch die derzeitigen Gerichtsgebühren gedeckt werden können, setzen nun das Gerichtswesen durch die angemessenen „Streitwerte", in die Lage sich selbst zu finanzieren. Statt 500 € wird nun die Basis von 5.000 € zur Finanzierung herangezogen.
- Kürzere Prozessdauer durch Eindämmung des z. Z. vorliegenden pervertierenden Missbrauchs der Rechtspflege mit Überlastung der Gerichte durch „Große", die die „Kleinen" alleine durch „potentielle" Wiederklageandrohungen und „juristische Schaumschlägerei / Rabulistik" einschüchtern, um diese zu veranlassen, auf ihr Recht zu verzichten.
- Nur noch berechtigte Klagen, da das Prozessrisiko in angemessenen Verhältnis zum Risiko des „Kleinen", nun auch für den „Großen" nicht mehr aus der Portokasse bezahlbar ist.
- Mehr Ehrlichkeit, weil das Prozessrisiko jetzt auch für alle „Parteien" gleich hoch ist, d.h. weil in gleicher Weise Erträge oder Ersparnisse, in Anlehnung an die zeitlichen Einkünfte, betroffen sind.
- Entlastung und Motivationserhöhung für Richter
Nur noch wirkliche, urteilsbedürftige Rechtsfragen - nach einer erfolgloser Inanspruchnahme einer Schiedsstelle - werden und müssen entschieden werden.
Scheinprozesse – den wirtschaftlich Schwächeren
  o durch zu hohe Nebenkosten (Gutachter, Zeugen, etc,) und
  o zu lange Verfahrenszeiten (Vertagungen),
  o bereits im Vorfeld mit Berufungsankündigung drohen,
„in die Knie" und somit zur Aufgabe „seines Rechtes" zu zwingen – dürften der Vergangenheit angehören.
- Rechtsanwälte werden nicht arbeitslos, sondern können im Rahmen der Prozessvermeidung „ gerechte" Verträge entwickeln, die tatsächlich auch zum „Vertragen" führen .

6. Vorschlag - Prozessstrafen

Unter dem Begriff „**Schadenmanagement**" oder auch „**optimierende Rechnungsstellung**" oder „**aktive Kostenkontrolle**" werden sogenannte Kleinbeträge den Anspruchstellern / Dienstleistenden / Handwerkern / Gläubigern vorenthalten.

Abgesehen von Wettbewerbsvorteilen, die derartig handelnde Unternehmen oder private, halbstaatliche und staatliche (!) Organisationen, gegenüber denjenigen, die korrekt im Sinne eines ordentlichem Kaufmannes arbeiten, sich zu Unrecht erschleichen, erzeugt ein derartiges Verhalten nun auch noch ungeplante Zusatzerträge.

Diese Erträge können nun im Marketingaktionen „gesteckt" werden.

Frei nach dem Motto: Das Zufallsurteil des Amtsgerichtes „Irgendwo", zu Lasten des Geschädigten, wird von der Presse derart breitgetreten, dass jeder Geschädigte sich im Grunde als Betrüger fühlt.

Nach sehr eigenwilliger Interpretation des Schadenersatzrechtes seitens der Gerichte, wurde sogar ein Motorradfahrer durch die Beschädigung seiner Lederkombi bei einem Unfall nun bereichert und nicht geschädigt.

Weil: „Die" Motorradfahrer tragen Unfallschleifspuren an ihrer Lederkombi, wie früher die Akademiker ihren der „Schmiss" im Gesicht.

Die im Unrecht Agierenden wissen, dass es für die durch Klein-Teilbeträge belasteten Bürger / Unternehmer vollkommen betriebswirtschaftlich unsinnig ist, sich gegen derartige zu Unrecht einbehaltene oder abgebuchte Beträge gerichtlich zur Wehr zu setzen.

Es kostet zuviel Zeit, Kraft und wird viel zu teuer.

Es fehlt - wie in den USA - eine **Straffestsetzung** bei Zivilprozessen, wobei davon auszugehen ist, dass auf **einen abgeurteilten** Fall nun **1.000 bis 10.000 nicht „eingeklagte Fälle"** kommen, die bei dem in diesem Einzelfall unterlegenen Konzern einen 1.000 -10.000 -fachen Zusatzertrag erzeugten.

Dieser Zusatzertrag (Gewinn) ist durch eine entsprechende Strafe, z. B. in Höhe vom 1.000 – 10.000-fachen vom abgeurteilten Einzelfallbetrag abzuschöpfen bzw. an die Gesellschaft (gemeinnützige Organisation) abzuführen.

TV-Serien-Möglichkeit: Weitere Einzelfälle - die noch nicht eingeklagt wurden- gesucht. Bitte bei dem zuständigen Gericht melden, ausschließlich zur Festsetzung des Multiplikators für die Straffestsetzung.

Alles andere oder das weitere **Negieren derartiger Handlungen** ist mit der Unterstützung von kriminellen Machenschaften / Organisationen gleichzusetzen.

IV. Teil: Kapitaleinsatz – „KaRiG" statt Kapitalvernichtung

1. Das Problem – Entscheidungsträger contra Kapitaleigner

Dieser Teil wird das sehr komplexe Thema der Verwendung von Unternehmensüberschüssen bzw. Gewinnen behandeln, d.h. es geht um eine **Ka**pital-**Ri**siko-Gerechtigkeit - „KaRiG-Modell", statt einer Überschuss-Zweckentfremdung bei juristischen Personen, bzw. Kapitalgesellschaften.

In Teil „VOWIG" wurde das Ziel des Wirtschaftens auch bei Unternehmen ausführlich dargestellt, so dass ich nur 2 Kernsätze in Erinnerung rufen möchte.

> *Der durch „gut Wirtschaften" erzielte Zusatzgewinn gehört nicht den leitenden Angestellten, sondern dem Kapitaleigner und ggf. den „Arbeitsbesitzern".*

Auch für andere „nicht gewinnorientierte" Unternehmen und öffentliche Haushalte wurde festgestellt:

> *Die durch „gutes Wirtschaften" erzielten Einsparungen gehören nicht dem öffentlichen Haushalt, sondern den Bürgern und müssen diesen durch „Gebührenreduzierung" oder „Steuersenkung" im Folgejahr wieder zufließen.*

In Teil II. wurden die negativen Wirkungen bei einem Fahrzeug „mit Antriebsreifen ohne Luft" dargestellt und auf diesen volkswirtschaftlichen Zusammenhang übertragen: Die Banken geben keine Kredite (Basel II) und / oder Versicherungen und / oder Kapitalgesellschaften horten die Beiträge / Gewinne, statt sie an die Anspruchsberechtigten / Kapitaleigner auszuzahlen.

Seit Jahren nahm ich zur Kenntnis, dass „juristische Personen", hier Aktiengesellschaften, Vereine und Genossenschaften Geschäfte eingehen und Risiken tragen, die nichts mit der Gründungsidee zu tun hatten.

Wenn ein Automobilkonzern, der sich in Familienbesitz befindet, nun entscheidet, andere marode Automobilmarken aufzukaufen, so ist das eine Angelegenheit dieser Familie, jedoch wenn das Gleiche bei einem im „Streubesitz" befindlichen Aktien-Unternehmen stattfindet, dürfte es bedenklich werden.

Beide Unternehmen haben systemwidrig gegen die Marktwirtschaft gehandelt, denn marode Unternehmen sind vom Markt zu beseitigen, denn weder unfähige Manager, noch „nicht mehr nachgefragte" Produkte benötigen eine Quersubventionierung durch andere Unternehmen oder durch die Gesellschaft.

Es ist „Platz" zu machen für neue Ideen und neue Produkte, die bei einer wirklich funktionierenden Marktwirtschaft ohne „Verwaltungshemmnisse" und ohne „Überlastung des Produktionsfaktors Arbeit", für die arbeitslos gewordenen Arbeitnehmer „neue", bessere und besser bezahlte Arbeitsplätze schafft.

Die vorgenannten Beispiele waren (sind) schlicht eine Zweckentfremdung von Kapital, das eigentlich zuvor den Eignern zufließen muss.

Eine Zweckentfremdung, besser Selbstbedienung der Vorstände, dürften auch die Gehälter und sonstigen Bezüge sein.

Welche Eigenschaften, Fähigkeiten oder Arbeitsumstände rechtfertigen nun Gesamtbezüge von **100.000 € bis 1,0 Mill. €/Monat,** bzw. **12 Mill. €/Jahr** (aus: VOWIG).

Derartiges würde mindestens den 100-fachen Lohn eines einfachen Arbeiters und noch das 15-fache Gehalt eines Krankenhausarztes bedeuten.

Unmöglich kann es die Honorierung (Gewinnbonus) für einen höheren Firmenüberschuss sein, der durch Lohndrückerei, Entlassungen zur Gewinnsteigerung oder darin bestand, dass 100.000 Menschen berechtigte Ansprüche (Renten, Rechnungsbeträge, überhöhte Rechnungsbeträge, Zahlungsansprüche aus Schadenersatz oder Garantieleistungen etc.) vorenthalten wurden.

Dieses hat nichts mit „moralischen Gesichtspunkten" zu tun, sondern ausschließlich mit gesellschaftsschädlichem Verhalten, welches Familien- und Gesellschaftsstrukturen schwer schädigt

Schon das Grundgesetz, Art. 14, GG, legt dem Eigentum, welches einen besonderen Staatsschutz in Anspruch nimmt, auch besondere Verpflichtungen auf: „.....dem Wohle der Allgemeinheit dienen".

Wenn derartig gesellschaftsschädliches Verhalten als „freies Unternehmertum mit Anspruch auf Schutz des Eigentums" auch vom Gesetzgeber so verstanden und **nicht verboten** oder durch **Steuerprogressionen massiv eingeschränkt** wird, dann könnte auch der Heroinhandel frei gegeben werden.

2. Der Hammer: Genossenschaftsbank contra Genossenschaftsmitglied

Mit einem erheblichen Geschäftsanteil war ich bereits seit über 35 Jahren Mitglied einer Genossenschaftsbank und seit 15 Jahren als freiberuflicher Kfz-Sachverständiger tätig.

Mit Befremden nahm ich nun zur Kenntnis, dass ich mir selbst durch die Mitgliedschaft ohne mein Wissen "Konkurrenz" durch die „Gründung einer „XY-Sachverständigenorganisation" gemacht habe.

Ich sah es als Missbrauch von Genossenschaftseinlagen und deren Erträgen zur Gründung von Konkurrenzbetrieben eines Genossenschaftsmitglieds.

Wie war denn so etwas möglich?

Die **Genossenschaftsbank darf keine Gewinne machen**, eventuelle Überschüsse müssen durch „gute Verzinsung" der Genossenschaftsmitglieder –Guthaben oder durch sehr günstige Kredite (das war und ist der Sinn einer Genossenschaft) abgebaut werden.

Es ist kein Witz mehr: Der Unternehmer Muhammad Yunus aus Bangladesch, der mit dem Geist von Raiffeisen und Schulze-Delitzsch (die Väter der Genossenschaften) neue Kreditformen praktiziert, bekommt 2006 den **Friedens-Nobelpreis.**

Im Kernland der Genossenschaften wird auch in den Genossenschaften der Neoliberalismus eingeführt.

Die Gewinne sprudelten jedoch, insbesondere weil sich über „Bankengesetzte", die Genossenschaftsbanken so verhalten müssen wie die gewinnorientierten Geschäftsbanken.

Nur wohin jetzt mit dem Gewinn ?

Nun, dann wird eine Zentralbank gegründet, was ja nicht gegen den Gründungszweck verstößt, denn die Zentralbank kann dann auch für einzelne Genossenschafts-Banken auch Auslandsgeschäfte abwickeln und größere Risiken eingehen.

Gleichzeitig liefert sie den Genossenschaftsmitgliedern die Möglichkeit auch Exporte und Importe abzuwickeln.

Jetzt bleiben schon wieder zusätzliche Gewinne übrig!

Nur wohin jetzt mit dem Gewinn ?

Also gründen wir oder kaufen wir eine große Versicherung !

Auch noch vertretbar, denn Versicherungsgeschäfte sind auch oder überwiegend „Geldgeschäfte" und entsprechen dem Genossenschaftszweck.

Wann kommt denn nun dieser „riesige" Kapital- bzw. Gewinnüber-schuss bei den Genossenschaftsmitgliedern an?

Niemals!

Auch hier noch keine weiteren Gedanken, denn wenn es meiner Bank gut geht, geht es auch mir zumindest in Höhe von 15 % Ge-winnbeteiligung nicht schlecht, jedoch der tatsächliche Wert der Geschäftsanteile dürfte 500 % höher sein, sodass lediglich nur eine Verzinsung des realen Geschäftswertes von 3 % vorliegt.

Jedoch nun diese „nicht ausgezahlten" Gewinnüberschüsse in „ge-werbliche" Firmengründungen oder -übernahmen zu stecken, dass war auch für mein Gemüt zu viel, insbesondere wurde mir nun durch mein „eigenes" Bank-Unternehmen Konkurrenz gemacht.

Was bereits den einzelnen Genossenschaftsbanken verwehrt ist, kann nicht deren "Töchtern" erlaubt sein.

Ich bin mir nicht sicher, ob das Verhalten der jeweiligen Vorstände nicht bereits gesetzwidrig ist, zumindest verstößt dieses gegen den Geist und die Satzung der Genossenschaftsbank, denn es kann nie-mals Zweck der Genossenschaft gewesen sein, Konkurrenzunter-nehmen zu den mittelständischen Unternehmen der Genossen-schaftsmitglieder zu gründen.

Das tatsächliche Problem umfasst viele Bereiche der Wirtschaft, insbesondere der Kapitalgesellschaften, wie Aktiengesellschaften, Vereine und andere "juristische Personen"(Gesellschaften).

Möglicherweise ist dieses auch die Ursache mangelnder Unterneh-mensneugründungen von Klein- und Mittelstandbetrieben, denn sobald die Tätigkeiten "wirtschaftlich interessant werden", stürzen sich große Kapitalgesellschaften darauf, ohne von den "Gesellschaf-tern, Aktionären, Genossenschafts- oder Vereinmitgliedern" beauf-tragt zu sein

3. Weitere Beispiele

Einige weitere Beispiele zur Verdeutlichung der Problematik:

3.1. Beispiel: Chemie AG contra Aktionär (Mittelständler)

Ein mittelständischer Unternehmer der Düngemittelbranche kauft zur Alterssicherung z. B. Aktien einer „Chemie AG", um an deren Erfolg in der Pharma-Branche zu partizipieren.

Ohne jeglichen Auftrag und Einfluss der v. g. Person erweitert einige Zeit später die „Chemie AG" ihren Geschäftsbereich auf die Düngemittelbranche.

Mögliche Folge: Der v. g. Aktionär der „Chemie AG" wird in den Konkurs getrieben.

3.2. Beispiel: Autofahrerverein contra Mitglied (Kartenhersteller)

Ein Landkartenhersteller wurde wie viele andere Autofahrer ebenfalls Mitglied in einem Automobilclub.

Ohne jeglichen Auftrag und Einfluss der v. g. Person erweitert dieser Club seine Vereinsaktivitäten auf die Herstellung und den Vertrieb von Landkarten.

Mögliche Folge: Das v. g. Vereinsmitglied wird in den Konkurs getrieben.

Neuerdings: Dieser Club arbeitet jetzt auch noch als Versicherungsvermittlungsbüro und als Gutachtenvermittler.

Aber was sollte ich mich darüber aufregen, denn Aktien hatte ich keine – denn wer verkauft Geschäftsanteile seines Unternehmens, wenn doch die Geschäfte gut laufen und die Zukunftsprognosen gut sind ? – Vereinsbeiträge für eine Autofahrervereinigung waren geringfügig.

4. Die Konsequenzen:

Auf den Verwendungszweck von Gewinnen wurde ausführlich im Buch „VOWIG" eingegangen („Die Ziele des Wirtschaftens").

> *Der durch „gut wirtschaften" erzielte Zusatzgewinn gehört nicht den leitenden Angestellten, sondern dem Kapitaleigner und ggf. den „Arbeitsbesitzern".*

Das beste Beispiel für Kapitalzweckentfremdung sind Kapital-Gesellschaften, Genossenschaften und Vereine, die ihre Zweckbestimmung missachten, indem „Kapitalrückstellungen (Horten), Erweiterungen, Aufkäufe etc." und Verifikationen nur als Mittel zum Zweck einer Machtentfachung **ohne jegliches persönliches** finanzielles Risiko stattfinden.

Bei den gerügten „Missständen" im II. Teil wurde bereits festgestellt:

> *Wir riskieren nur das, was anderen gehört, niemals jedoch unser eigenes Geld!*

Wenn nun die extrem hohen Gehälter der Vorstandmitglieder von Kapital-Gesellschaften gerügt werden, so wäre nun in konsequenter Handlungsweise festzustellen:

Sollen diese Vorstände doch nun mit dem eigenen Geld eine neue Firma gründen und die Risiken dieses „Objektes" selbst tragen.

> *Statt Steuervergünstigungen und besondere Schutzrechte werden alle Arten von Kapitalgesellschaften auf die Einhaltung des Gründungszweckes verpflichtet, der **nur** einstimmig abzuändern ist.*

5. Die Lösung des Problems

(dargestellt in der Bundetags-Petition 3-14-09-703-013934 vom 22.10.99)

"Notwendiger Schutz von Personengesellschaften und mittelständischen Unternehmen und Vermeidung eines unlauteren Wettbewerbs durch kapitalstarke Aktiengesellschaften, Genossenschaften und Vereine"

kann nur nachstehende Konsequenz haben:

Gesetzliche Beschränkung von "Publikumsgesellschaften" wie Aktiengesellschaften, Genossenschaften und Vereine auf ihre **reine** Zweckbestimmung.

6. Gesetzesvorschlag:

1. "Publikumsgesellschaften" wie Aktiengesellschaften, Genossenschaften und Vereine dürfen nur gemäß ihrer reinen Zweckbestimmung, wie diese zum Zeitpunkt der Gründung bekannt gegeben wurde, tätig werden.
2. Es ist diesen untersagt, andere "gewerbliche Unternehmen" zu empfehlen und mit anderen gewerblichen Unternehmen Kooperationen zu tätigen.
3. Auftragsausschreibungen müssen nach den Gesichtspunkten von öffentlich-rechtlichen Auftraggebern erfolgen.
4. Jegliche Veränderung der Satzung oder des Geschäftszweckes bedarf der "Urabstimmung der Mitglieder", die **nur bei Einstimmigkeit** umgesetzt werden kann (Die Stammeinlage zum Vereins- oder Gesellschaftszweck unterliegt dem grundgesetzlichen Schutz des Eigentums, eine Überstimmung kommt einer Enteignung gleich).

- Gleichzeitig ließe sich auch ein Missstand beseitigen, der durch "unkontrollierbare" Spenden an irgendwelche Organisationen (meist politische) entsteht.
- "Einer juristischen Person, insbesondere Kapitalgesellschaften, wie Aktiengesellschaften und Vereinen ist es verboten, Ausgaben zu tätigen, die nichts mit dem unmittelbaren Gesellschafts-, Genossenschafts- oder Vereinszeck zu tun haben.

Ergebnis bisher: Alles in Ordnung – kein Grund für eine Änderung, schließlich wird mehrheitlich entschieden.

Das war für mich neu, ich dachte, dass das grundgesetzlich geschützte Eigentum nicht abstimmungsfähig ist.

Kann der Griff in die Geldbörse jemals mehrheitlich entschieden werden, wenn es nicht „staatliche Eingriffe", wie z. B. das Steuerrecht ist?

7. Ergänzung mit dem „StAG"-Tax - Modell

Die nachstehenden zwei Problemfelder zeigen, dass nur ein systemtheoretischer Ansatz eine sachgerechte Lösung erzeugen kann.

Das Problem der Kapital-Risiko-Gerechtigkeit und deren Lösung ist hier zwar aufgezeigt, jedoch die steuerliche Behandlung im Verhältnis zu den extremen Existenz- und Risikoproblemen der privat-haftenden Unternehmern ist nur unzureichend geregelt.

Der Einfluss des Staates mit marktwirtschaftlichen Mitteln bei der Unternehmensbesteuerung ist gefragt (s. Vorschläge „StAG"-Tax) und verdeutlicht die Problematik einer „systemtheoretischen" Betrachtung des sich gegenseitig beeinflussenden Gesellschafts- und Steuerrechts.

Im „StAG- Tax"- Modell wird gefordert:

> *Für einen mit dem*
> *Privat-Vermögen haftenden Einzelunternehmer,*
> *wird die „StAG"- Tax seines Unternehmens zu 100 %*
> *anrechenbar, d.h. für ihn selbst zur „Quellensteuer".*

Das ist keine Benachteiligung von Personen, sondern nur eine gerechtere Entlastung von natürlichen Personen , die mit ihrer Existenz haften.

Dieses bedarf hier an dieser Stelle einer Erläuterung mit einem geschichtlichen Rückblick zur Entwicklung der „Kapitalgesellschaften" bzw. der „juristischen Personengesellschaften".

Irgendwann im Mittelalter zu Zeiten der ersten Globalisierung (Hanse), im Zusammenhang mit dem Entstehen des Bürgertums, konnten einzelne Kaufleute nicht mehr das Geld (Kapital) aufbringen, um einzelne hochseetüchtige Schiffe zu bauen.

Durch den Zusammenschluss derartiger interessierter Kaufleute (Bürger) bei gleichzeitig finanziell-begrenztem Einsatz, war die Basis für das Entstehen von „Reedereien" gelegt.

Bei Untergang – im wahrsten Sinne des Wortes - war nur das Kapital verloren und die eigene wirtschaftliche Existenz blieb unberührt.

Der Tod der Seeleute war nur ein „auszublendendes" Nebenprodukt (Kollateralschaden).

Dieses Modell der reinen Kapitalsammlung bei Begrenzung des Risikos war die Grundlage der späteren Aktiengesellschaften zu Zeiten der Industrialisierung.

Bergbau, „neue Technologien" durch Dampfmaschinen, Eisenbahngesellschaften, Elektrotechnik und schließlich der Fahrzeugbau und die Pharmaindustrie, nutzten dieses Modell der risikobegrenzten Kapitalsammlung, die einzelne Kaufleute nicht aufbringen konnten.

Auch hier - „bei Untergang" - war nur das Kapital verloren und die eigene wirtschaftliche Existenz blieb unberührt, der Tod der Bergleute, der Arbeiterschaft, der Kundschaft u.s.w., war nur ein „auszublendendes" Nebenprodukt (Kollateralschaden).

Die Besteuerung dieser Unternehmen mit einer Körperschaftsteuer war zumindest der richtige Ansatz; die Reduzierung oder Anrechnung derartiger Steuern, der falsche Weg.

Die Übertragung der Ursprungsidee "Gemeinsam etwas Grosses zu vollbringen", auch auf kleinere Gruppierungen, z.b. GmbH´s ist ebenfalls nachvollziehbar.

Jedoch die Reduzierung auf eine Person und des gesetzlich notwendigen Einsatzkapitals, sowie die Zulässigkeit derartige „juristische Personen" auch innerhalb von Personengesellschaften agieren zu lassen (GmbH & Co KG), ist nicht nur unsinnig, sondern leistet der Kriminalität, d. h. dem Betrug an anderen Bürgern Vorschub.

Ohne gegen Grundrechte oder EU - Recht zu verstoßen, kann der Staat mit marktwirtschaftlichen Mitteln nun Einfluss durch die Unternehmensbesteuerung nehmen.

Es ist daher durchaus „gerechter", nun neben reinen Unternehmensbesteuerung nach dem „StAG"- Tax-Modell für Kapitalgesellschaften, die verpflichtete Gewinnausschüttung für deren Gesellschafter, die nur ihr Kapital und nicht ihre Existenz riskieren, die nicht verrechenbare Quellensteuer zu zahlen ist, d. h. die Gewinnausschüttung ist steuerpflichtig.

8. Weiterer Vorschlag zum Patentrecht:

Wie zuvor ist auch das Patentrecht in eine Vielzahl zum Teil widersprechender Regelwerke (Steuerrecht, Arbeitsrecht, Gesellschaftsrecht, Urheberrecht etc) eingelagert, die nur durch einen systemtheoretischer Ansatz eine eine sachgerechte Lösung ermöglicht

Die Verletzung gewerblicher Rechte (Patent, Gebrauchsmuster, Warenzeichen) ist ein „ Offizial-Delikt", welches auf Antrag des Inhabers (Nebenkläger) von einer Staatanwaltschaft ähnlichen Abteilung des Patentamtes verfolgt wird (Wofür sollten sonst die hohen Schutzgebühren sein? Doch nicht als Zusatzeinnahme des Staates oder nur zur Verwaltung?).

Nutznießer davon wäre nicht nur der „kleine Erfinder", der sein Vermögen in seine Idee investierte und nun sich gegen Patentverletzer mangels Masse (Beispiel: Walkman ./. Sony; Brennwert-Heizkessel :/. div. Großhersteller)) nicht wehren kann, sondern die gesamte Gesellschaft, die nun Erfindungsleistungen schützt und damit auch forciert.

9. Die „goldene Aktie"

Nachtrag zu meiner Petition **Pet 3-14-09-703-013934** vom **22.10.1999**: Vielleicht hat mein „Internet"-Vorschlag bereits die Politiker angeregt.

Unerwartet fordert die Bundesregierung nun in 2007 im Zusammenhang mit der Gefahr des Verkaufes von „Airbus-Industrie" von den anderen Großaktionären (Frankreich, MBB, etc) für sich selbst die „Goldene Aktie", mit der jede Eigentümerveränderung und Änderung des Geschäftszweckes durch eine Aktie „blockiert" werden kann.

Dieses Recht sollte jedem Kapitalbesitzer zustehen, denn es ist sein Eigentum.

Wem dieses nicht gefällt – **nicht umgekehrt** – sollte seine Aktien verkaufen, aus dem Verein austreten oder diese „juristische Person" wechseln und letztendlich sein eigenes Unternehmen gründen und sein eigenes Geld in Risikogeschäfte investieren.

Vorschau: In Vorbereitung - Erhältlich **ab Sep. 08**

V. Teil: Staats-Abgaben-Gerechtigkeit – „StAG"-Tax

1. Das derzeitige Steuerrecht

Das Steuerrecht ist das sensibelste Thema jeder Gesellschaft.

Das deutsche Abgabenrecht (Steuer und Sozialversicherungen) jedoch, ist eine Lachnummer für das Ausland und führt zur Kriminalisierung der Bürger im Inland.

Seit Jahren wird eine einfache und handhabbare Steuergesetzgebung, die zu mehr Steuerbelastungsgerechtigkeit führen soll, gefordert.

Steuermanipulationen und Steuerhinterziehung sollen nicht nur zurückdrängt, sondern bereits aus betriebswirtschaftlicher Sicht unsinnig sein.

Auch das Steuerrecht ist volkswirtschaftlich eingebettet in Arbeits-, Sozial-, Miet-, Familien- und Erbrecht sowie weiterer Rechtszweige.

Nicht genug damit, dass diese „anderen" Rechtszweige zwingend von einem Steuerpflichtigen zu berücksichtigen sind, ist ein weltweit einzigartiges Steuerrecht entstanden, was endlose Bücher füllt und andere Rechtsbereiche unberücksichtigt lässt.

Eine „sachgerechte" und mängelfreie Erklärung kann ein Steuerpflichtiger oder Kleinunternehmer auch mit Hilfe seines Steuerberaters **nicht leisten.**

Dass Letztgenannter überhaupt beauftragt wird, hat nur noch mit einer Vermeidung von „Kriminalität" zu tun.

Ein ganzes Labyrinth aus Steuer- und Sozial-Versicherungs-Recht muss bei jeder Einzelentscheidung durchschritten werden (dagegen sind „Play – Station – Programme" etwas für den Kindergarten), bei vollständiger Arbeitgeberhaftung für die Abgaben auf den ausgezahlten Nettolohn.

- Zur Verdeutlichung:
  Die aktuellste Zusammenfassung aller Arbeitgeberpflichten zum
  Steuer- und Sozialrecht mit dem Hinweis:
  „Damit werden Betriebe überprüft",
  hat doppelspaltig im A4 –Format einen Umfang von 880 Seiten .
  Plastisch:
  Es ist so groß und dick wie das Kölner Telefonbuch.

Das Risiko - niemand kennt wirklich alle Regelungen und Vorschriften, erst recht nicht die neuen 5.000 des letzten Jahres - demnächst vorbestraft zu sein, wegen Steuerhinterziehung und Veruntreuung von Sozial-Versicherungs-Beiträgen, wird nur auf den Steuerberater abgewälzt.

Der Steuerberater jedoch, wird bei den „unvermeidbaren Fehlern" nicht in die Kriminalitätsecke gestellt, sondern diesem werden Buchungs- und Bewertungsfehler als „normaler Fehler" zugestanden, lediglich mit der Konsequenz der Steuernachzahlung.

Bereits im „Mandarin(en)-Syndrom" (Preisbildung) wurde auf politische Forderungen für generelle Streichungen der bisherigen steuerlichen Absetzungsmöglichkeiten nach „Kirchhof etc " hingewiesen, die alles auf den Kopf stellen und die Widerstände erklären.

> *Die steuerlichen Besonderheiten sind zu einem zu verteidigenden Besitzstand geworden, unabhängig davon ob sich dieses auch betriebswirtschaftlich rechnet.*

Jeder weiß / macht / billigt es, das „Kavaliersdelikt: Steuerhinterziehung", die letztendlich nur den „Grossen" etwas bringt.

Der im „Mandarin(en)-Syndrom" beschriebene und auch von anderen Autoren festgestellten 20-30 % Anteil der Schwarzarbeit am Bruttosozialprodukt mag auch hier seine Ursache haben.

> *Dokumentierte und somit kontrollierbare steuerlich relevante Tatbestände **führen immer** zu irgendeiner Fehleinschätzung des Steuerpflichtigen und somit immer zu einer „unterstellten" mutwilligen Steuerverkürzung, bzw.- Steuerhinterziehung und damit **in die Kriminalität.***

Dann doch lieber Schwarzarbeit und Schwarzentlohnung ohne jegliche Dokumentation, mit der entsprechenden „ unbekannten" Steuerhinterziehung, denn diese „Kriminalität" ist nur zwei Personen bekannt, die gemeinschaftlich gehandelt haben.

Ist eine neue „Moral" gefragt oder neue „einhaltungsfähige und beachtenswürdige Gesetze"?

Oder genügt der Hinweis, dass Fehlbeträge des Staates doch nur bei den „Kleinen" wieder einkassiert werden, die zwar 30 € illegal dem Staat vorenthalten haben und nun dafür in anderen Bereichen 100 € höhere Steuern zahlen müssen ?

Bevor die Steuererklärung auf dem Bierdeckel zu machen ist, sind sicherlich noch einige Zwischenschritte notwendig, denn es ist nicht zu erwarten, dass irgendeine Regierung den Mut aufbringt eine derartig gravierende Änderung in einem Zug zu machen.

2. Der „Erste" Schritt : Etwas mehr Steuergerechtigkeit

In polemischer Weise werden, sowohl von Politikern und Journalisten, Sachverhalte (Basisdaten: Statistisches Bundesamt), die auf der extrem ungerechtsten Weise der Einkommensverteilung beruhen, dazu genutzt, nun 1 % der Spitzenverdiener als diejenigen „Wohltäter" bezeichnet, die über 20 % der Einkommenssteuer bezahlen.

Die 20 % der Deutschen an der unteren Einkommensskala werden indirekt als „unsozial bezeichnet", weil diese lediglich nur mit 0,1 % zum Einkommenssteueraufkommen beitragen.

Dabei wird auch ausgeblendet, dass diese bereits überproportional zu deren Einkommen mit Verbrauchssteuern belastet werden.

Würde man diesen Bevölkerungsgruppen (oben und unten) angemessene Löhne und Gehälter zahlen, würde diese Diskrepanz nicht mehr auftreten.

Kommen wir zu den Niederungen der unmittelbar und schnell zu verändernden Ungerechtigkeiten:

Die Ursachen des Niedergangs von „Tante Emma-Läden" haben zum Großteil mit dem **AfA-Satz *)** zu tun.

*) Afa-Satz = Abschreibungssteuersatz für Abnutzung / Investitionen)

Um Missverständnissen vorzubeugen:

Es geht nicht um die 2.000 € = 20 % (1/5), wenn eine aus Privatmitteln getätigte Investition von 10.000 € linear in 5 Jahren abgeschrieben wird, d. h. nach 5 Jahren (5 x 2.000 €) ist die Investition zu 100 % verschlissen oder Schrott.

Es geht um den unternehmerischen Steuersatz , der auf diese Teilabschreibung von 2.000 € entsteht.

Je nach Höhe des unternehmerischen oder persönlichen Spitzensteuersatzes beteiligt sich, bzw. verzichtet der Staat (Fiskus) bei einer Steuerquote 45 % auf 900 € oder auf 100 € bei der Steuerquote 20 %.

Ein „Tante Emma Laden" mit der Steuerquote von 45 % ist mir bisher unbekannt geblieben.

Dementsprechend ist zur Vermeidung von derartigen Ungerechtigkeiten eine

- Linearität in allen Bereichen ab 1,- € bei ca. 35 % und
- die gleiche Absetzbarkeit (real) von den Steuern

Als erster Schritt ist mehr Steuergerechtigkeit zu fordern.

Bei einem beabsichtigten Spitzensteuersatz von 50 % oder 45 % (z. Z. 47 %), ist ein **„einheitlicher AfA-Steuersatz "** **von 35 %** für alle Unternehmen notwendig, der im Grenzfall auch zu einer Steuererstattung führt.

Begründung: Der am Existenzminimum liegende Unternehmer hat **nichts** von irgendeiner Abschreibung bei einem Spitzensteuersatz von 47 %, wenn er **keine Steuern** oder nur 10 % oder 20 % zahlt.

Ein Großunternehmer spart z.B. bei 45 % Steuersatz (= AfA- Satz) bei einer Investition von 10.000 € entsprechend der derzeitigen Regelung **4.500 €** Steuern.

Ein Mittelständler bei einem Steuersatz von 20 % nur **2.000 €.**

Sowohl bei „niedrigverdienenden Selbständigen" oder Großverdienern führt dieser Vorschlag zu einer Steueranrechnung von

35 % für „Alle" und sogar auch zu einer negativen Steuer (= Steuererstattung), wenn dieser selbst nur einen Einkommensteuersatz (Spitze) von 20 % hat.

Anmerkung: 30 % entspricht den Vorschlägen von CDU, SPD etc. zum Spitzensteuersatz und somit zum v. g. AfA-Satz

3. Der "Zweite" Schritt: Steuerliche Gleichbehandlung.

Die steuerrechtliche Gleichbehandlung von Arbeit-, Boden- und Kapitaleinkünften wurde schon unter „Vorbemerkungen zum Buch" angesprochen.

Frage: Warum wird bei der Versteuerung gestattet, dass Kinder über Nießbrauch an Kapital oder Boden separate Einkünfte haben und die Existenzfreibeträge ausnutzen, sodass eine derartige Familie durchaus dann 20.000 € Freibeträge nutzen kann, wogegen eine „normal Familie" ohne Kapital-Einkünfte bereits schon erhebliche Steuern zahlen muss?

Da ein Kapital- und Bodenbesitz bei Kindern schlecht unterbunden werden kann, es sei denn Schenkungs- und Erbschaftsteuer würden 100 % betragen, verbleibt nur der Wegfall von Freibeträgen und Kindergeld, wenn ein Kind selbst „einkommensteuerpflichtig" ist.

Eine Gleichbehandlung der Einkünfte aus Arbeit, Boden oder Kapital, kann nur sinnvoll durch eine einheitliche Quellensteuer von z. B. 20 % erreicht werden (s. Kapitel 4), die erst in der Kumulierung dieser Einkünfte, nun im Falle der notwendigen Einkommensteuererklärung, einer Progression unterworfen werden.

Der sogenannte Spitzensteuersatz wird eine politische Entscheidung unter Berücksichtigung der Frage sein, wie viel mehr an Einkommen irgendeine Einzelperson haben darf, im Verhältnis zum „normalen" Arbeitnehmer.

Die derzeitige unterschiedliche steuerliche Behandlung von Arbeit und Kapital verdeutlicht sich im Extremen, wenn es um Maschinen-verbesserungen (im Grenzfall kann man sie vergolden) und ver-gleichsweise um die Behandlung vom Mitarbeitern, z. B. im Falle von Weiterbildung geht.

Jede Verbesserung der Mitarbeitersituation – wenn nicht minutiös nachgewiesen - wird lohnsteuer- und sozialversicherungspflichtig, letzteres führt mangels Freibeträgen (hier auch für Kinder) zu unkal-kulierbaren finanziellen Risiken auch für den Mitarbeiter.

Deutlicher:

Die Fehlangaben eines Mitarbeiters über Reisedauer bei einer Weiter-bildung – weil arbeitgeberseitig nicht umfassend überprüft wurde oder auch nicht überprüft werden konnte – führen zu einer „Reisekos-ten-Überzahlung".

Für diese „erschlichenen" Reisekostenerstattungen (= Betrug) wird nun der Arbeitgeber in die Haftung genommen, da diese Beträge Lohnzahlungen sein sollen, die lohnsteuer- und sozialversicherungs-pflichtig sind.

Die Absurdität würde offen zu Tage treten und die Lobby-Verbände „Sturm laufen":

Wenn innerhalb einer „Jahresinventur" trotz modernster Waren-kontrollen zur Diebstahlverhinderung ein Fehlbestand von 10.000 € festgestellt und das Finanzamt würde für den **jetzt nur noch möglichen** „Personaldiebstahl" oder auch einen Kassenfehlbe-stand bei einem „Kassier" eine Pauschal-Lohnversteuerung (mit Sozial-Versicherung- Pflicht) vornehmen.

Es ist absurde Realität, einen „diebstahlgeschädigten" Arbeitgeber - ob durch „Warendiebstahl" oder „Reisekostenerschleichung" - nun noch durch zusätzliche Steuern und Abgaben auf die Diebstahlsumme zu bestrafen.

Derartige Belastungen werden nicht nur von keinem „Durchschnitts-Arbeitnehmer", sondern offensichtlich auch von Politikern und Minis-terialen nicht als Lohnkosten gesehen

Es ist absurde Realität im Mandarin(en)-Staat (Bundestagspetition Nr.: Pet 2-13-08-6110-065202 vom 1.9.1998), die Arbeitgeberbeiträ-ge zu den Sozialversicherungen, bei gleichzeitiger Zweckentfremdung dieser Beiträge für gesamtgesellschaftliche Aufgaben (s.: "SCHarm"- Modell), nicht auf die zu zahlende Einkommensteuer anzurechnen oder zu erstatten, denn auch im Falle eines Betriebsverlustes müssen diese Arbeitgeberbeiträge gezahlt werde und beschleunigen den Ruin.

Derartig zu „hohe Personalgesamtkosten", die den Gewinn gegen „0" bringen, führen auch noch zur Verhöhnung derartiger Arbeitgeber seitens der Finanzbehörden, die trotz gezahlter 100.000 € - Sozialversicherungsbeiträgen, dieses Unternehmen als „Hobby" kennzeichnen.

Jeder Steuerzahler, insbesondere die unter der Regelungswut der Behörden   leidenden Kleinunternehmer erkennen die zwingende Notwendigkeit der dringend erforderlichen und Bierdeckellösung:

4. Der „Dritte" Schritt: „StAG-Tax" oder auch die „Bierdeckel-Lösung"

„StAG"-Tax - ein weiterer, von mir geschaffener Kunstname, weil andere, feste Steuersätze (z. B. „Flat-Tax") sich auf neoliberale Steuermodelle zu Gunsten von Konzernen und Großverdienern beziehen.

Dieses Modell soll eine „Staats Abgaben Gerechtigkeit" erzeugen und ist eine stagnierende, also feststehende Belastungsquote der Unternehmensbesteuerung, die für jeden Unternehmer kalkulierbar ist und keinerlei Progressionsstufen enthält.

Bereits mehrfach wurde aufgezeigt, wo die Kritik all derer ansetzen muss, die das Prinzip der „Sozialen Marktwirtschaft" auf der Basis unseres Grundgesetzes erhalten und reformieren wollen, egal ob mit liberaler, grüner, sozialer oder konservativer Grundhaltung.

> *Es ist eine unternehmerische Angelegenheit, ein Produkt oder eine Dienstleistung kostengünstigst zu erstellen, um damit „Überschüsse" (Gewinne)zu erzeugen. Diese dürfen nicht von irgendwelchen fiskalischen Abschreibungs- oder Absetzungsmöglichkeiten abhängig sein.*

Der o. g. Satz ist gemäß dem Gewinnprinzip eines Unternehmens zu ergänzen, damit ein Überschuss (Gewinn) erzeugt wird:

> *Alle notwendige unternehmerische Kreativität ist dazu zu verwenden, ein Produkt zu erzeugen (neu) oder zu verbessern um Marktchancen und Verkaufserlöse zu erhöhen oder preiswerter zu produzieren, und nicht dazu irgendwelche „fiskalischen Vorschriften" zu umschiffen oder „Steuerschlupflöcher" zu finden.*

Einige Politiker haben Reformen versucht und sind gescheitert, dieses unverständliche, der Welt größtes Spezialgebiet zu verändern.

Nicht weil die Idee falsch war, sondern, weil offensichtlich kaum jemand mit politischem Einfluss dieses verstanden hat oder einfach nicht verstehen wollte oder noch deutlicher:

Da die Lobby der Steuerberater oder Rechtsanwälte (die davon leben) doch gar nicht so groß sein kann, muss es sich um einen gesellschaftlichen Tabubereich handeln.

In rabulistischer Weise wird von möglichen „Negativ-Betroffenen" (auch diese haben das Prinzip nicht verstanden oder zu gut die Tragweite erkannt) mit allem Lobby-Einfluss, sowohl die Personen als auch die Thematik mit sachfremden Argumenten überlagert, so dass jeder „Normal-Bürger" sich davon betroffen fühlt und den „Untergang des Abendlandes" sieht.

Der Einfluss des Staates mit marktwirtschaftlichen Mitteln bei der Unternehmensbesteuerung ist gefragt.

Eine Unternehmensbesteuerung kann sachlogisch nur vom bewegten Warenwert (Umsatz) abhängig sein, diese darf **nichts** mit den für den Umsatz **erforderlichen Einsatz** zu tun haben.

Es ist kontraproduktiv, Unternehmen mit einer steuerlichen Entlastung zu belohnen, wenn diese statt eines Kleinwagens nun eine Luxuslimousine unter dem Deckmantel der betrieblichen Notwendigkeit kaufen.

> *Eine Umsatzsteuer im Sinne einer Steuer von z.B. 20 % auf jeden Wert einer Ware, die den Betrieb verlässt bzw. auf jede Dienstleistung die erbracht wurde.*

Steueraufkommensneutral werden ca. 20 % auf den unternehmensseitig bewegten Warenwert (Umsatz), mindestens jedoch ca. 30 % auf den betrieblichen Aufwand (Löhne, Materialien) erhoben, die mit **„nichts"** verrechnet werden können.

Alle notwendigen Investitionen sind bereits Teil jeder Kalkulation des Verkaufspreises und bedürfen keiner steuerlichen Sonderbehandlung.

Genauso wenig wie bisherige Absetzbarkeit von unternehmerischen Fehlentscheidungen, die bei einer derzeitigen Steuerquote von 50 % der Steuerzahler immer zu 50 % mitfinanziert.

Sowohl im Bereich der Kapital-Risiko-Gerechtigkeit (s. Teil IV, KaRiG"- Modell, als auch bei den extremen Existenz- und Risikoproblemen der privat-haftenden Unternehmer wurde hingewiesen.

Für einen mit dem Privat-Vermögen haftenden Einzelunternehmer, wird die „StAG"-Tax seines Unternehmens, für ihn selbst zur „Quellensteuer".

Es ist daher durchaus „gerechter", nun neben der reinen Unternehmensbesteuerung nach dem „StAG"- Tax-Modell für Kapitalgesellschaften, die verpflichtete Gewinnausschüttung für deren Gesellschafter, die nur ihr Kapital und nicht ihre Existenz riskieren, die nicht verrechenbare Quellensteuer zu zahlen ist, d. h. die Gewinnausschüttung ist steuerpflichtig.

Bei Quellensteuern aus mehreren Einkunftsarten oder beim Überschreiten einer Grenze der einzelnen Quellensteuer, entsteht die übliche Pflicht zur Einkommenssteuererklärung, bei der die Gesellschaft (der Staat) willkürlich seine Steuerprogressionsstufen festlegen kann: 10- oder 50 – faches Einkommen sollte genug sein.

Eine Lösung, die wirklich auf einen Bierdeckel passt:

Soll Zustand

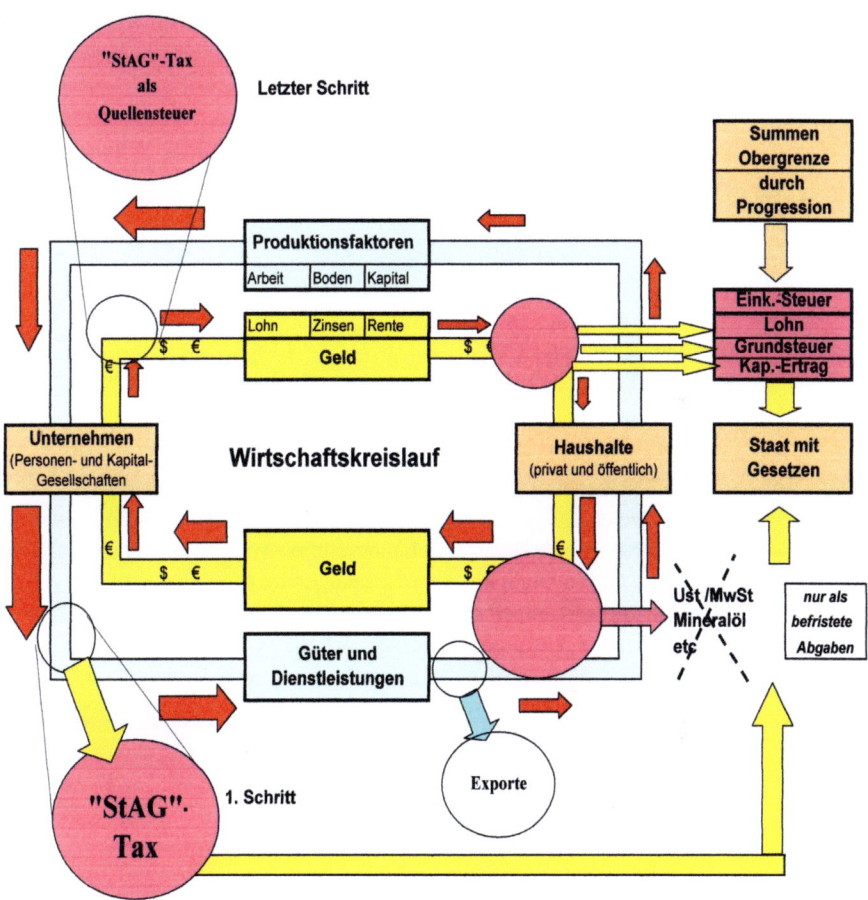

Die gesellschaftlich besonders förderungswürdigen unternehmerischen Aktivitäten (z.B. Umweltschutz) werden nur durch gesetzliche, zeitlich befristete „Einmalvergünstigungen" gewährt.

Die bisherige Mehrwertsteuer ist im Rahmen der „Steueraufkommensneutralität" auf beispielsweise 5 % für alle Umsätze in allen Wirtschaftsbereichen abzusenken und äußerstenfalls von dieser reinen Umsatzsteuer abzusetzen. Mehr dazu im nächsten Kapitel.

Die **persönliche Besteuerung** von Einkommen, Vermögen, Erbschaft und Verbrauch ist **ein anderes Thema** und hat mit einer Besteuerung der unternehmerischen Leistung nichts zu tun.

Es ist sachlogisch folgerichtig, sicherlich jedoch problematisch, eine **persönliche Besteuerung** von Einkommen nach gleichen Kriterien. Nachdem die Unternehmenssteuer nach dem „StAG"-Tax-Modell umgesetzt wurde, vorzunehmen.

Wodurch – wenn nicht durch die derzeitige steuerliche Willkürlichkeit – ist nachstehendes gerechtfertigt?

- Arbeitnehmer „X" wohnt billig auf dem Land und kann Fahrtkosten zum Arbeitsplatz steuerlich absetzen.
- Arbeitnehmer „Y" wohnt in der Stadt in der Nähe seines Arbeitsplatzes und zahlt eine hohe Miete, die dieser steuerlich nicht absetzen kann.

Wo ist die Logik? Nur der gesellschaftliche Wunsch nach „Flexibilität"?

„StAG"-Tax" ist

- eine Unternehmens - Steuerabgabe, in der jeder Betrieb gleichbleibend ca. 20 % von seiner Einnahme, bzw. vom Umsatz, bzw. vom bewegten Warenwert / Unternehmenswert bzw. von der bewegten Geldmenge, als nicht verrechenbare Steuer bezahlt.

Die gesamtgesellschaftlichen Vorteile von „StAG" -Tax":

- volkswirtschaftlich kostenneutral bei der Erhebung, greift auf bestehende Finanzamtsstrukturen zurück und erzeugt keine neue „Verwaltung".
- entlastet die Finanzbehörden und setzt Mitarbeiter für andere Aufgaben (z. B. Steuerfahndung) frei
- entlastet die Volkswirtschaft von unproduktiven Tätigkeiten, die nach Schätzungen von Wirtschaftsinstituten im Milliarden-Bereich liegen.

„StAG"-Tax" ist für die Unternehmen

- die betriebswirtschaftliche Chance Verwaltungskosten, die ausschließlich der fiskalischen Absicherung dienten, zu reduzieren, nun in produktive und kreative Arbeitsplätze (Marketing, betriebliche Finanzkontrollsysteme etc) umzubauen, denn niemand wird bezweifeln, dass diese „Steuerfachkräfte" die kreativsten Köpfe der Unternehmensleitung waren.

5. Die Mehrwertsteuer als Finanzkontrollsystem

Steuermanipulationen und Steuerhinterziehung sollen nicht nur zurückdrängt, sondern bereits aus betriebswirtschaftlicher Sicht unsinnig gemacht werden.

Der Einzelnachweis einer getätigten Ausgabe darf nicht länger der Maßstab für die Steuerfestsetzung sein, sondern lediglich die getätigten Umsätze.

Da sachlogisch für eine Steuerfestsetzung nur noch der getätigte Umsatz festzustellen ist, taucht die Frage nach der Steuerehrlichkeit auf.

Der alte Spruch „**Vertrauen ist gut, Kontrolle ist besser**" in Verbindung mit einer geänderten Auffassung über Steuerhinterziehung, ermöglicht eine vollständig neue Kontrollmöglichkeit in Analogie zur bisherigen Mehrwertsteuerfestsetzung, bzw. Vorsteuererstattung.

Mit dem Bewusstsein in der Bevölkerung, dass Steuerhinterziehung nicht nur eine Sache des Staates, sprich: Finanzamtes ist, welches betrogen wurde, sondern dass ein Diebstahl an der Bevölkerung stattgefunden hat, ist es vollständig legitim, dass dieses nun auch von der Bevölkerung beachtet werden wird.

Dieses hat nichts zu tun mit irgendeiner Denunziation.

Jede Leistungserbringung erzeugt nach gültigem Recht auch eine Rechnung.

Das Sammeln und Verarbeiten und Begründen von Rechnungen war bisher eine unentgeltliche Aufgabe jeden Unternehmers, wenn denn diese Rechnungen steuerlich zu berücksichtigen waren und wenn zusätzlich auch die dazu **gehörigen 50.000 Vorschriften** beachtet wurden.

Da derzeit - um Jahre verspätet – nun jede Rechnung auch eine Steuernummer hat, bzw. haben muss, lässt sich nun, in Verbindung mit dem Datum – dem Computer sei Dank – automatisch jede vorgelegte Rechnung, dem Umsatzanteil eines Unternehmens zuordnen.

Derartiges Sammeln von Rechnungen, ohne jegliche Begründung wofür diese Ausgabe getätigt wurde, sollte nun nicht unentgeltlich durchgeführt werden, sondern mit der Erstattung von 2 % bis 5 % der darin enthaltenen Steueranteile belohnt werden, die ggf. mit der eigenen Steuer („StAG-Tax") oder Lohnsteuer (Quellensteuer) verrechnet werden können.

Somit dürfte sichergestellt sein, dass tatsächlich auch jeder getätigte Umsatz auch als betrieblichen Gesamtumsatz erfasst ist.

Es ist nicht zu erwarten, dass irgendein Endverbraucher auf eine Rechnung verzichtet, wenn nun neben Garantieansprüchen nun eine 2 bis 5 % -ige Erstattung vom Finanzamt erfolgt.

Für die jetzt entlasteten Steuerberater und für die durch „JuRiG" entlasteten Anwälte würde sich übergangsweise ein entsprechendes Tätigkeitsfeld eröffnen, welches abschließend in die tatsächlich notwendigen Betriebsberatungen (Kostenstellenrechnung etc) übergehen könnte.

Allein das Wissen, dass mit Hilfe einer EDV-tauglichen Datenübermittlung dieser Rechnungsbelege jederzeit ein „Datenabgleich" mit erklärten Einzelumsätzen stattfinden kann, wird zu einer höheren Steuerehrlichkeit führen

Das Bewusstsein: „Wir alle sind der Staat", würde auch bewusst machen, dass benötigtes, jedoch durch „Steuerverkürzungen" nicht vorhandenes Geld, bei denen, die sich nicht wehren können, verstärkt eingesammelt wird.

Vorschau, siehe auch Seite 83

Ein weiterer **Sonderdruck** aus **„Das Mandarin(en) -Syndrom"** ist :

Das „SCHarm"-Modell
Social **(C)** Kosten **Harm**onisation
Gesicherte Renten und Krankenversorgung
bei einer gerechten Verteilung der Soziallasten
statt
ausgequetschte Arbeitnehmer- und ArbeitgeberInnen

Illustration von Jörg Spriewald

Auch diese Lösung geht auf einen Bierdeckel

VI. Teil: Zukunftsfähigkeit – Nur eine Vision?

Eine der Grundbedingungen die Zukunft auf demokratischem Wege umzugestalten ist das Wissen über die Verflechtung von Politik und Interessengruppen, d. h. das Offenlegen aller Verbindungen von Personen der Legislative zu Gruppierungen, die von neuen Gesetzen betroffen sind oder auch der Ausschluss von Personen der Legislative an diesen Entscheidungsprozessen.

1. Der gläserne Abgeordnete

Dieses Kapitel soll kein Angriff auf die Abgeordneten sein, denn ich machte die Erfahrung, dass die **„normalen" Abgeordneten** durchaus die geschilderten Probleme als solche erkannten, ja sogar dankbar diese „endlich praxisnahen" Problemschilderungen aufnahmen, nur diese notwendigen Änderungen „systemkonform" umzusetzen, „stößt auf den erbitterten Widerstand" des vorhandenen „Mandarin-Systems".

Wie viele Organisationen und Gutachter vom „System" den Abgeordneten präsentiert werden, mag an einem kleinen Beispiel einer Gesetzesänderung „GMG" (=Gesundheits-Modernisierungsgesetz) aus dem Jahre 2003 verdeutlicht werden, Auszug aus Bundestagsdrucksache 15/1600, Seite 4-7:

* **7** Bundestags-Ausschüsse
* **136** Organisationen /Vereine und
* **44** Gutachter

waren in mehrtägigen Sitzungen mit diesen Gesetzentwürfen beschäftigt.

(Die Bundestagsdrucksachen sind unter: "**www.bundestag.de**" , allgemein zugänglich)

Verständnis kann ich dafür entwickeln, dass in Rahmen der volkswirtschaftlich notwendigen Überprüfung andere Politikfelder betroffen sind, hier die Notwendigkeit der anderen Bundestagsausschüsse.

Es ist jedoch eine **Ressourcenverschwendung** „pur", wenn sich diese Abgeordneten nun innerhalb der „Anhörungen" mit 136 undemokratisch zusammengesetzten „Lobbygruppen" und 44 Gutachtern auseinandersetzen müssen.

Hier wird **den Abgeordneten die Zeit gestohlen** und seitenlange, im „Ministerial-System" entstandene und mehrfach nach Einfluss der Lobbygruppen geänderte **unverständliche Gesetzestexte**, dem Bürger, dem Patienten und den Leistungserbringern präsentiert, die diese unverzüglich zu beachten haben.

Wegen der **mehrdeutigen Interpretation** („Fortbestand der Rechtsunsicherheit") stellen diese Gesetzestexte für andere Teile des „Mandarin-Systems" eine Arbeitsbeschaffungsmaßnahme dar, die eine auch verwaltungsseitig notwendige Umsetzung frühestens in 5 Jahren ermöglicht.

Die beste Lösung für das Mandarin System: „Alles bleibt beim Alten".

In der etwas „karikierenden" Darstellung der Volkswirtschaft wurde fast belustigend die „übertragene Darstellung" festgestellt:

„Am Lenkrad sitzt die Politik".

Nun sollte ein Fahrer und auch die anderen Betroffenen schon wissen, was er für eine Funktion hat: Ist dieser ein Testfahrer, der die Reifen oder den Motor testet und letztendlich im Kreis fährt oder nur ein Sonntagsfahrer der ziellos durch die Gegend fährt?

Unter „Politik" sind in diesem Beispiel die Spitzen der Abgeordneten und Parteipolitiker zu verstehen, denn tatsächlich ist das Feld der Politik unendlich groß, weil alles, was noch nicht gesellschaftlich geregelt ist, der Politik und seinen Politikfeldern zuzuordnen ist.

Übertragen auf die Politiker in den Parlamenten sollte man zumindest wissen, wessen Interessen dieser vertritt, d. h. der „gläserne Abgeordnete" ist eine sachlogische Folge einer analytischen Betrachtungsweise.

Eine analytischen Betrachtungsweise bedingt für die **Fahrer der Volkswirtschaft**, *wenn schon keinen Führerschein, dann zumindest die* **Offenlegung** *der jeweiligen Interessen, den „gläsernen Mandatsträger (Abgeordneten)" und selbstverständlich auch den gläsernen politischen Beamten (Minister).*

Es geht hier lediglich um Offenlegung, nicht um ein Verbot oder eine Einschränkung.

Wenn der Bürger, die Wähler und / oder die Parteimitglieder einen nur halbtagsbeschäftigten, mehrfach in Aufsichtsräten vertretenen Spitzenlobbyisten als ihre Vertretung im Parlament haben möchten, so sollte das **ihr gutes demokratisches Recht** sein.

Auch ich würde mich lieber **halbtags** vom sechsfachen Formel I-Weltmeister **chauffieren** lassen als ganztags durch jemanden, der nicht die Verkehrregeln kennt und jegliches Fahrgefühl vermissen lässt.

Denkbar ist zur Qualitätsverbesserung auch ein stundenweiser Einsatz dieser Halbbeschäftigten als Fahrlehrer für die anderen Chauffeure.

Eine Möglichkeit zur Schaffung des „gläsernen Abgeordneten" kann **derzeit unmöglich** durch die Parteien, durch das Parlament herbeigeführt werden, es wäre wie die Erwartung einer „Selbstkastration".

Frösche legen keinen Teich trocken.

Herrschaaren an Juristen werden Tausende von Gründen dagegen finden, entweder weil verfassungswidrig oder ein Eingriff in die Persönlichkeitsrechte u. s. w.

Hier ist das: „Wir sind das Volk", gefordert.

Vorschlag:

In **Aktionsbündnissen** vieler nichtstaatlicher Organisationen oder Zweckvereine nur zur Schaffung dieses Zustands, in Form vom „Zertifikaten" oder einem „Qualitätssiegel":

„Ich bin ein gläserner Abgeordneter/Kandidat"

Dieses Siegel bekommt **jeder Kandidat irgendeiner Partei**, wenn er seine Nebentätigkeiten offenbart und sich **„moralisch verpflichtet"** einen überparteilichen Gesetzentwurf und deren Annahme zu unterstützen:

„Die Abgeordneten des Bundes-/ Land-/ Kreistages sind mit Annahme des Mandates verpflichtet, alle Einkünfte, deren Zustandekommen und Beraterverträge sowie alle beruflichen und privaten Verbindungen jedermann zugänglich zu machen."

(ggf. ich bin kein Radikaler):
„Die Höhe der Bezüge (Vergütungen/Einkommen) aus diesen Aktivitäten wird innerhalb des Parlamentes offengelegt." (Anm.: teilweise bereits umgesetzt)

Radikal wäre jedoch der Ansatz, dass es im Rahmen der Gewaltenteilung nun Mitgliedern der Legislative verbietet, auch Mitglied der Exekutive oder Judikative zu sein oder im Umkehrschluss:

Mitglieder der Judikative (Rechtsanwälte, Richter) und der Exekutive (Beamte und Angestellte des öffentlichen Dienstes bzw. von Körperschaften des öffentlichen Rechtes) können keine Abgeordneten des Bundestages oder eines Landtages sein.

Da niemand gezwungen wird, Abgeordneter zu werden, d.h. ein Staatsdiener wird zum Gesetzgeber, ist auch Nachstehendes denkbar:
„Quittierung des Dienstes ist die Konsequenz bei der Wahlannahme".

Ein **beruflicher Wiedereinstieg** im Falle einer erfolgten „Nichtwiederwahl" ist sowieso schon bestens durch „**Übergangsregelungen**" möglich.

Das „StABi"- **Modell**, eröffnet hervorragende Möglichkeiten der Gestaltung eines neuen Lebensabschnittes im Sinne einer „lebenslangen Weiterbildung".

Vorschau, siehe auch Seite 83

Ein weiterer **Sonderdruck** aus „**Das Mandarin(en) -Syndrom**" ist :

Das „StABi" - Modells

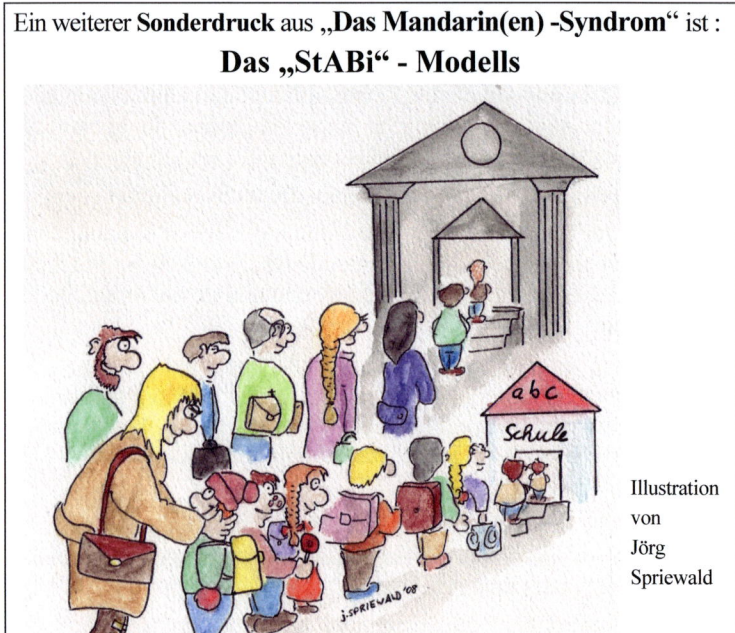

Illustration
von
Jörg
Spriewald

- Lebenslanges Lernen durch Stufen-Ausbildung-

2. Die zukunftsfähige Gesellschaft

Offensichtlich ist die Gesellschaft zum Umdenken bereit, denn auch in großen Publikumszeitschriften (H.-U. Jörges, in: Stern 34/2007, S. 50) wird der Ruf nach echten Reformen laut („Der deutsche Sündenfall") und sogar von Mahatma Gandhi bereits 1927 genannten „sieben soziale Sünden" zitiert:

1. Politik ohne Prinzipien
2. Reichtum ohne Arbeit
3. Genuss ohne Gewissen
4. Wissen ohne Charakter
5. Geschäft ohne Moral
6. Forschung ohne Menschlichkeit
7. Anbetung ohne Opfer

Die Probleme können nicht länger „ausgesessen" werden, wir brauchen nicht noch mehr Spezialisten (Steuerfachleute, Juristen, Verwalter) der „Verteilung" des bereits erwirtschafteten Geldes", sondern mehr kreative und produktive Arbeitnehmer und Unternehmer, die das Volkseinkommen real erhöhen und gleichzeitig bei Schonung der Umwelt und Ressourcen zu einer Arbeitszeitverkürzung führen.

Die Ratifizierung des Artikel 4 der Konvention zum Schutz der Menschenrechte und Grundfreiheiten irgendwann zwischen 2001 und 2002 vom Deutschen Bundestag bedeutet nun (endlich) den Verbot von Sklaverei.

Bei zusätzlicher Beachtung des Grundgesetzes, Artikel 1: „Die Würde des Menschen ist unantastbar" , bedingt das Sklavereiverbot nun auch Löhne oberhalb der Sozialhilfe, die jeder erzielen muss, wenn dieser 40 h /Woche arbeitet.

> *Ein gesetzlicher Mindestlohn - weit oberhalb von Hartz IV - der jeder Person zustehen muss, ist unabdingbar.*

Eine Orientierung/Koppelung am einem leistungsfreien Einkommen durch Alimentation, z.B. höchste Besoldungsgrundlage für Beamte, wäre ein Einkommensabstand (s. SPALG) , z.B. von 1: 12,5 für Hartz IV bzw. von 1:10 für den Mindestlohn, wäre gesetzlich angezeigt.

Weder Arbeit noch andere Einkommensarten sollten in 5 Jahren einen Vermögensmillionär erzeugen können, einen Einkommensmillionär sollte es nicht geben.

Was will ein Mensch mit einem derartigen Einkommen, außer Machtausübung (s. VOWIG)?

Nur eine zusammeneinsetzende Reform mit unterschiedlichen Umsetzungs- und Ergebniszeiten kann das derzeitige demokratische Gesellschaftssystem zukunftsfähig machen.

Zukunftsfähigkeit heißt:

- Chancengleichheit
- Schrumpfung der Konzerne und Handelsketten
- Vergrößerung von Genossenschaften
- Totale gesellschaftliche Durchlässigkeit
- größere Liberalisierung auch im Zusammenleben
- Totale Emanzipation der Frau **und** des Mannes
- Wegfall des Leistungszwanges und Versorgungsdruckes
- Mehr Lebensfreude
- Größeres Interesse an allgemeinen gesellschaftlichen Aktivitäten
- Leistungsträger (Unternehmer, Richter, Lehrer, Anwälte, Handwerker, Ärzte, Ingenieure, Künstler, Sportler) werden nicht mehr beneidet, sondern zu hoch geachteten Personen

3. Ergebnis: Ein neuer Generationenvertrag:

Das Ergebnis bei der Umsetzung von „JuRiG" und „KaRiG" wird nur eine Umverteilung von Arbeit im Sinne von Arbeitszeitverkürzung sein können.

> *Abkehr von der Arbeit bei der „Geld-Umverteilung", hin zu mehr produktiver und kreativer Arbeit.*

Die Umsetzung von „StABi" wird wirkliche Mitbestimmung und Mitbeteiligungen an Unternehmen als Teil des Arbeitslohnes mit hochmotivierten und hochqualifizierten Mitarbeitern zur Folge haben und entsprechen sicherlich der Intention der meisten Unternehmer, die ein Weiterbestehen ihres Unternehmens „in den besten Händen" wünschen.

- Der Arbeitszeitgewinn lässt sich nur erahnen. Er entsteht, wenn
  - ➢ **nun nicht mehr Belege fürs Finanzamt** oder die Sozialversicherungsträger zu sammeln sind,
  - ➢ **nun nicht mehr über deren Begründung** (Lohn, Betriebs- oder Privatausgabe, steuerliche und sozialversicherungsrechtliche Besonderheiten) nachzudenken ist und
  - ➢ **nun nicht mehr voller Selbstzweifel** kontrolliert werden muss, ob nicht irgendeine von 20.000 Vorschriften missachtet wurde (Steuerhinterziehung, Veruntreuung von Sozialversicherungsbeiträgen, etc.).

- Wenn aus Wettbewerbsgründen der persönlich haftende Unternehmer lediglich nur den gleichen Überschuss erwirtschaften kann oder will, bzw. öffentliche Einrichtungen (Kranken- und Pflegedienste, Kindertagesstätten und –gärten, etc) keine weiteren Überschüsse bzw. Rücklagen erwirtschaften wollen, führt dieses zu einer Preissenkung dieser Dienstleistungen um ca. 21 % oder zu einer möglichen Steigerung der Personalkosten um ca. 50 % durch höhere Gehälter, besser durch Neueinstellungen oder einem „Mix aus Allem".

Das Ergebnis für das Einkommen als Arbeitnehmer und haftendem Einzelunternehmers allein bei der

Umsetzung von „SCHarm" und „StAG-Tax":

Ein Beispiel, weches für viele Branchen mit personalintensiven Kleinbetrieben zutrifft.

Vergleich (ohne Urlaubskosten etc)	Derzeitig		mit "SCHarm"		mit "SCHarm" und "StAG"-Tax	
Brutto-Umsatz		12.000,00		12.000,00		12.000,00
Mw-Steuer	19%	-1.915,97	19%	-1.915,97	5%	-571,43
nicht verrechenbare Umsatzsteuer					20%	-2.400,00
Fix-Kosten (Mieten, etc)		-1.000,00		-1.000,00		-1.000,00
Materialeinsatz vom Umsatz	10%	-1.200,00	10%	-1.200,00	10%	-1.200,00
MwSt-Erstattung	19%	351,26	19%	351,26	5%	104,76
Kosten - AfA		-500,00		-500,00		
Arbeitgeber - "Scharm-Satz"			5%	-600,00	5%	-600,00
Überschuss ohne Pers.-Kosten		7.735,29		7.135,29		6.333,33
Brutto-Pers.-Gehälter von		-5.000,00		-3.600,00		-3.600,00
Arbeitgeber - Soziallasten	23%	-1.150,00	2%	-72,00	2%	-72,00
Arbeitnehmer-Anteil zur SV	21%	-1.050,00	5%	-180,00	5%	-180,00
Mitarbeiter Lohnsteuer	25%	-1.250,00	20%	-720,00	20%	-720,00
Personal-Nettozahlung		-2.700,00		-2.700,00		-2.700,00
Gesamtpersonal-Kosten		-6.150,00		-3.672,00		-3.672,00
Zu verst. Überschuss in €		1.585,29		3.463,29		2.661,33
Unternehmer Ek-Steuer	25%	-396,32	30%	-1.038,99	0%	
AfA- Hinzu		500,00		500,00		
Überschuss in €		1.688,97		2.924,31		2.661,33
Abgabe vom Umsatz		-8.111,03		-6.875,69		-6.638,67
Staatsquote vom Umsatz		67,6%		57,3%		55,3%
Zuschläge auf Netto-Löhne		3.450,00		972,00		972,00
Staatsquote auf Netto-Löhne		127,8%		36,0%		36,0%

- Das Verhältnis von motivierenden Netto-Löhnen zu unternehmerisch belastenden Gesamt-Personalkosten, zuzüglich 25 % Personal –Verwaltungskosten und 25 % sonstigen Personalnebenkosten verändert sich von
  - ➢ derzeitig **1 : 3,4**
  - ➢ bei der Umsetzung nur von „SCHarm" auf **1 : 2,0**
  - ➢ und bei reiner Zusatzarbeit (Auslastung) **1 : 1,4**

- Dieses bedeutet, dass von einem Normal-Haushalt nicht mehr fast vier Stunden gearbeitet werden muss, um eine „normale" Dienstleistungsstunde zu bezahlen, sondern nur noch zwei Stunden, wobei bei Nichtberücksichtigung der Pers.-Zusatzkosten im Falle von „zwingender Arbeitsauslastung" seitens des Unternehmens auch nur 1,4 h möglich sind.

Umsetzung von „SCHarm" und „StAG-Tax":
Ein Beispiel für personalintensive Kleinbetriebe.
Ein Beispiel , weches für viele Branchen zutrifft.

Vergleich (ohne Urlaubskosten etc)		Derzeitig		mit "SCHarm" Preisreduzierung		mit "SCHarm" Personalerhöhung
Brutto-Umsatz		**12.000,00**		**9.500,00**		**12.000,00**
Mw-Steuer	19%	-1.915,97	19%	-1.516,81	19%	-1.915,97
Fix-Kosten (Mieten, etc)		-1.000,00		-1.000,00		-1.000,00
Materialeinsatz vom Umsatz	10%	-1.200,00	10%	-950,00	10%	-1.200,00
MwSt-Erstattung	19%	351,26	19%	311,34	19%	351,26
Kosten - AfA		-500,00		-500,00		-500,00
Arbeitgeber - "Scharm-Satz"			5%	-475,00	5%	-600,00
Überschuss ohne Pers.-Kosten		**7.735,29**		**5.369,54**		**7.135,29**
Brutto-Pers.-Gehälter von		-5.000,00		-3.600,00		-5.330,00
Arbeitgeber - Soziallasten	23%	-1.150,00	2%	-72,00	2%	-106,60
Arbeitnehmer-Anteil zur SV	21%	-1.050,00	5%	-180,00	5%	-266,50
Mitarbeiter Lohnsteuer	25%	-1.250,00	20%	-720,00	20%	-1.066,00
Personal-Nettozahlung		**-2.700,00**		**-2.700,00**		**-3.997,50**
Gesamtpersonal-Kosten		**-6.150,00**		**-3.672,00**		**-5.436,60**
Zu verst. Überschuss in €		1.585,29		1.697,54		1.698,69
Unternehmer Ek-Steuer	25%	-396,32	20%	-339,51	20%	-339,74
AfA- Hinzu		500,00		500,00		500,00
Überschuss in €		**1.688,97**		**1.858,03**		**1.858,96**
Abgabe vom Umsatz		-8.111,03		-5.441,97		-6.643,54
Staatsquote vom Umsatz		**67,6%**		**57,3%**		**55,4%**
Zuschläge auf **Netto-Löhne**		3.450,00		972,00		1.439,10
Staatsquote auf Netto-Löhne		**127,8%**		**36,0%**		**36,0%**

Für den persönlich haftenden **Klein- und Mittelstandsunternehmer** wird eine Neueinstellung (2 Mitarbeiter = halber Tabellenwert) zu **1.350 € Nettolohn** (=1.800 € Brutto) durch die nicht mehr durch eine Neueinstellung entstehenden Sozialabgaben, sondern nur noch zu tragenden **1.836 € Personalkosten, statt 3.075 €** (ohne Arbeitsplatzkosten und Risikoentschädigung), **nicht** mehr **zum wirtschaft**lichen Harakiri.

- Weder Schwarzarbeit im klassischen Sinn (nur Arbeitnehmer), noch im realen Sinn („Brauchen Sie eine Rechnung ?") noch Schwarzentlohnung sind wirtschaftlich vorteilhaft.
- Der Vorteil der Integration von derartigen „Schwarz"- Geschäften in den normalen Wirtschafts- und Arbeitsmarkt lässt sich nur erahnen.
- Schätzungen auf der Basis des bisherigen Anteil der Schwarzarbeit zeigen, dass die Vorteile jedoch im zweistelligen Prozentbereich des Bruttosozialproduktes liegen werden, was letztendlich nach reiner Einführung zu höheren staatlichen Leistungen und /oder Abgabensenkungen führen kann.

Umsetzung von „SCHarm" und „StAG-Tax":
Beispiel, für „nicht mehr lohnende Schwarzarbeit.

Vergleich (ohne Urlaubskosten etc)	Derzeitiger Ist-Zustand				Zukünftig mit "SCHarm"			
AN = Arbeitnehmer AG = Arbeitgeber SE= Schwarzentlohnung	Legal in %		Schwarz in %		Legal in %		Schwarz in %	
	Anteil	bzw. DM	Anteil	bzw. DM	Anteil	bzw. DM	Anteil	bzw. DM
Stundenverrrechnungssatz		100,00		100,00		63,50		63,50
Mw-Steuer	19%	-15,97	19%	-15,97	19%	-10,14	19%	-10,14
Arbeitgeber - "SCHarm-Satz"					5%	-3,18	5%	-3,18
Verkaufte Arb.-h -Zuschlag	71%	84,03		84,03	71%	50,19		50,19
Brutto-Pers.-Gehälter von		-40,00				-28,80		
Arbeitgeber - Soziallasten	23%	-9,20			2%	-0,58		
Arbeitnehmer-Anteil zur SV	21%	-8,40			5%	-1,44		
Mitarbeiter Lohnsteuer	25%	-10,00			20%	-5,76		
Personal-Nettozahlung		-21,60		-25,00		-21,60		-25,00
Personal-Gesamt-Kosten		-49,20		-25,00		-29,38		-25,00
Zu verst. Überschuss in €		34,83		59,03		20,81		25,19
Unternehmer Ek-Steuer	25%	-8,71	25%	-14,76	20%	-4,16	20%	-5,04
Überschuss in €		26,13		44,28		16,65		20,15
Abgabe vom Umsatz		-52,27		-30,72		-25,25		-18,35
Staatsquote vom Umsatz		52,3%		30,7%		39,8%		28,9%
Zuschläge auf **Netto-Löhne**		27,60		0,00		7,78		0,00
Staatsquote auf Netto-Löhne		127,8%		0,0%		36,0%		0,0%

Bei der Umsetzung von „SCHarm" nach Abgleich mit Brutto-Tariflöhnen bei gleichen Netto-Löhnen ist auch eine entsprechende Reduzierung der sog. Stunden - Verrechnungssätze von **150 - 250 %** auf ca. **63,5 %** möglich.

- Niemand wird nun für 20 oder 30 % Preisnachlass bei einer Unternehmerleistung auf eine Rechnung und somit auf Garantieleistungen verzichten,

- Kein Unternehmer wird wegen 10 –20 % finanziellen Vorteil, statt bisher 130 %, die Risiken einer jetzt klassischen Steuerhinterziehung auf sich nehmen.

- Erst nach der parallelen Umsetzung dieser Einzelreformen können auch andere gesellschaftliche Probleme, wie persönliches Grundeinkommen für Jedermann (ob „bedingungslos" oder „unter Bedingungen") und /oder auch persönliche Beteiligungen an den persönlichen Krankheitskosten sein.

- Der Weg ist das Ziel vieler Politiker (und auch vieler Philosophen) , jedoch wer nicht weiß wohin er will, sollte sich nicht wundern, plötzlich dort gelandet zu sein, wohin er nie wollte.

Die Gesellschaft wird beispielsweise erst zukunftsfähig, wenn sie
- die Volkswirtschaft als System versteht
- den **Menschen**, nicht das Kapital in den Mittelpunkt stellt (demokratischer Sozialismus statt „Kasino"- Kapitalismus)
- mit einem starken Staat, auf dem Boden des Grundgesetzes,
- mit einer sachgerechter Sanktionierung von Gesetzesverstößen und
- mit **marktwirtschaftlichen** Mitteln (z. B. Steuerprogression),

z.b. die Managergehälter (50 *) x Mindestlohn) begrenzt, denn die Masse der kleinen Kapitaleigner (Aktionäre) wird dann höhere Dividende bevorzugen, die nun nur der persönlichen Quellensteuer bzw. Progression (Ziel: 50 *) x Mindestlohn) unterliegen).

*) s. „SPALG"-System im Sonderdruck „VOWIG".

Notwendige, sinnvolle **Schritte** zur Erreichung der angestrebten Einzelreformen:

Zeitlicher Ablauf	4 Jahre	10 Jahre	2 Jahre	2 Jahre	4 Jahre
Art der Reform	Soziallasten Verteilung "SCHarm"	Bildung "StAbi"	Prozess- Kosten "Ju-	Kapital-Gesell- schaftsrecht "KaRiG"	Steuerrecht „StAG"- Tax"

Nach inhaltlicher Umsetzung von „SCHarm", „Stabi", „JuRiG", „KaRiG", „Stag-Tax" oder wie diese dann namentlich benannt werden und auch anderer Reformen, könnte als **Endstufe** ein **neuer Gesellschaftsvertrag** stehen.

In einer systemorientierten Volkswirtschaft wird das Vererben von Vermögenswerten (Erbschaft) nicht mehr notwendig sein *), da die Gesellschaft für die lebenslange Aus- und Weiterbildung und auch für die Alterssicherung sorgen wird.

*) Sie haben richtig gelesen: Dann könnte die Erbschaftsteuer stark angehoben werden, ob 100 % sinnvoll sein können, wird die Entwicklung und Umsetzung der Reformen zeigen. Wo liegt der Sinn wenn 50-60-Jährige nun 80-Jährige beerben?

Nach Berücksichtigung von existenziellen Freibeträgen in 1. Erbfolge (in Höhe des üblichen hälftigen Anteils an einem Einfamilienhaus für den Ehepartner), wird die durch Verkauf an Mitarbeiter oder Einzelunternehmern realisierte Summe an die Sozialkassen für Kinder- und Ausbildungsfinanzierung eingezahlt.

Achtung:
Nicht erarbeiteter Reichtum gefährdet Ihre Gesundheit

Nicht selbst erarbeitete Vermögenswerte verändern den Charakter, sind motivationsmindernd und somit leistungsfeindlich und **verhindern die Befriedigung von sozialen Bedürfnissen** .

Nachtrag des Autors zum Buch

Ihnen, liebe(r) Leser(in), sind zu viele neue Begriffe aufgetaucht oder die Ursachen und Zusammenhänge blieben unklar oder missverständlich, so empfehle ich Ihnen zumindest den Sonderdruck (ebenfalls kostengünstig), "**VOWIG**" vorher zu lesen.

"Volkswirtschaft als Instrument der Gesellschaftskritik", unter ISBN **978-383-70 587-89** zum Preis von z.Z. **5,00 €**

Dort werden in allgemein verständlicher Form komplizierter Einzelaspekte der Volkswirtschaft erklärt und Zusammenhänge nachvollziehbar hergestellt und ein Modell zur Lohngerechtigkeit, das **"SPALG"-System** vorgestellt.

Interessiert Sie noch ein anderes Problemfeld:

a) Finanzierung des Sozial-Versicherungs-Systems

Warum wird nur die "Arbeit" mit der sozialen Sicherung der Gesellschaft belastet? Warum wird –obwohl die Sozial-Versicherungsbeiträge für gesamtgesellschaftliche Aufgaben zweckentfremdet werden (=Sozial -Steuern) – willkürlich eine sog. Beitragsbemessungsgrenze gesetzt?

Im Sonderdruck: Das **"SCHarm"**-Modell
unter ISBN **978-3-8370-1922-3** zum Preis z.Z. **6,90 €**

werden die unter a) gestellten, meiner Meinung nach **vordringlichsten** Fragen unserer Gesellschaft aufgearbeitet und ein **"charmantes"** Modell einer Lösung vorgestellt.

b) Ausbildung (Schul- und Studiensystem)

Warum ist heute ein/e familiengründungsfähige/r und wahlberechtigte/r 18-20 jährige/r Mann bzw. Frau nicht in der Lage sich selbst, geschweige denn seine/ihre "neue" Familie zu ernähren?

Im Sonderdruck: Das "StAbi"-Modell
unter ISBN **978-3-8370-2437-1** zum Preis z.Z. **6,90 €**

wird die unter b) gestellte, meiner Meinung nach wichtigste Frage in unserer Gesellschaft, die Ausbildung unter dem Gesichtspunkt "Lebenslanges Lernen" aufgearbeitet und auch ein Lösung: Das "StAbi" –Modell , vorgestellt.

Wurde mit diesem Sonderdruck Ihr Interesse an der Gesamtproblematik geweckt, empfehle ich Ihnen die Gesamtausgabe unter dem Titel:

"Das Mandarin(en) – Syndrom"
unter **ISBN 978-3-8370-1306-1** zum Preis von z.Z. **19,90 €**

Diesen Sonderdruck - weil in der Gesamtausgabe enthalten - können Sie ja im Freundes- bzw. Bekanntenkreis weiterverschenken.

Literatur-Verzeichnis:

Anmerkung:
Es ergibt keinen Sinn hier die Literatur aufzuzählen, die in den letzten 50 Jahren in irgendeiner Weise zur Gedankenfindung beigetragen hat; dementsprechend erfolgt nur die Benennung der Literatur, die mich in letzter Zeit beeindruckt hat und die ich teilweise verinnerlicht habe, sowie dem Leser die Möglichkeit eröffnen soll, gleiches zu erfahren.

1. Borchert, Jürgen:, Richter am Hessischen Landessozialgericht, in: Kölner Stadtanzeiger vom 6.3.07
2. Fromm, Erich: „Haben oder Sein", DTV 2000, ISBN 3-423-36103-4
3. Icke, David: „Alice im Wunderland und das World Trade Center Desaster", Mosqito Verlag, Potsdam 2005, ISBN 3-928-96311-2
4. Institut der Deutschen Wirtschaft , „Deutschland in Zahlen", Köln, Ausgabe: 2004
5. Moore, Michael: "Stupid white men", Piper Verlag GmbH, München 2002, ISBN 3-492-0417-0
6. Miegel, Meinhard: Die deformierte Gesellschaft, Propyläen Verlag, 10. Auflage 2002 by Ullstein, München, ISBN 3-549-07154-x
7. Nägele, Frank: Kölner Stadtanzeiger, Ausgabe vom 25.10.04, Seite C4
8. John Rawl: „Gerechtigkeit als Fairneß"; Suhrkamp Verlag 2003; aus dem amerikanischen übersetzt: „Justice as Fairness; 2001
9. Steingart, Gabor: Abstieg eines Superstars, Piper Verlag 2004 ISBN 3492046150

Stichwortverzeichnis
